令和元年、即位礼正殿の儀の装束である十二単をご着用。

平成26年、ご成年をお迎えになるにあたっての記者会見。

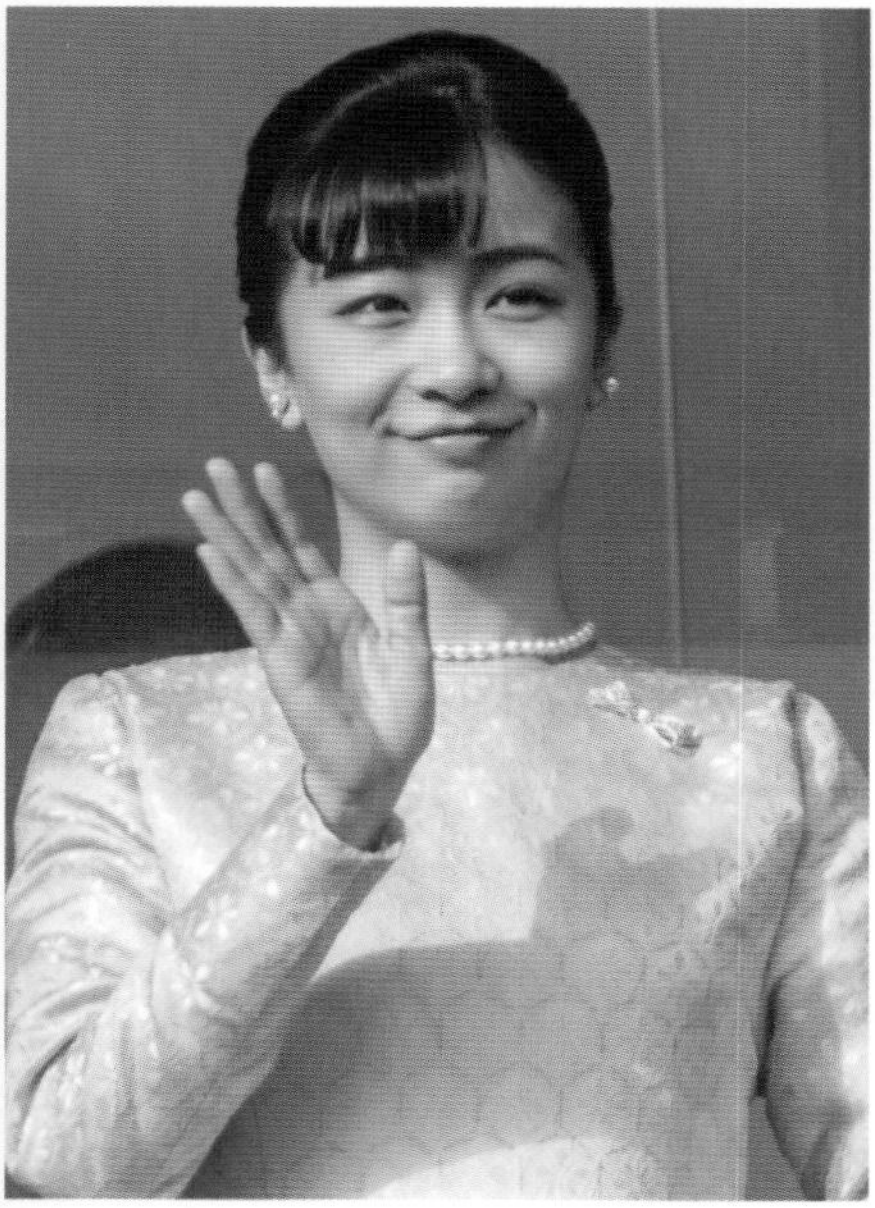

平成29年、新年一般参賀にお出まし。
（撮影＝白滝富美子）

令和元年、
25歳のお誕生日に際し、
秋篠宮邸の庭にて。

令和元年、
第53回全日本高等学校
馬術競技大会の
開会式に出席のため、
会場にご到着。
（撮影＝c3.photography）

令和元年、秋篠宮さまの誕生日を前に談笑されるご一家。

佳子さまの素顔

可憐なるプリンセスの知られざるエピソード

つげのり子
山下晋司＝監修

河出書房新社

佳子さまの素顔　可憐なるプリンセスの知られざるエピソード　＊　目次

カバー写真提供＝毎日新聞社
口絵・化粧扉写真提供＝宮内庁
取材協力＝有限会社ビッグネット

佳子さまの素顔

可憐なるプリンセスの知られざるエピソード

まえがき

平成から令和へのお代替わりに伴い、皇室についての報道が増えたような気がします。この機会に今まで詳しく知ることのなかった、皇室関連の儀式や役割などに興味を抱いて、自らネットなどを活用して調べる、いわば「ニワカ」皇室通も若い世代を中心に増加傾向にあるとか。それが一過性のものだとしても、多くの国民が皇室に親しみを感じるようになってもらえれば、テレビや著作を通じてメディアの隅っこで、皇室情報をお届けする私のような者でも嬉しく感じます。

ただ現代は、ネットニュースやSNSの多様化によって、皇室の女性たちに関する真偽不明の情報が行き交い、根拠も定まらない報道がなされる場合も見受けられます。皇室の女性たちは、多くのフェイクニュースにさらされながらも、それらに直接対峙することなく粛々と日々の役目を果たされています。

そんな中、今、最も注目を集めていらっしゃるのが、その美貌と可憐なたたずまいから、アイドル的な人気を誇る秋篠宮家の次女・佳子さまです。公務でお出ましになると、熱狂的な歓声に包まれながらもひるむことなく、あの独特の口角を上げた笑顔を絶やさず、懸命に自らの責務を果たそうと励まれています。

姉の眞子さまもご結婚に関して多くの報道がある中で、皇族としての務めにまい進していらっしゃいます。秋篠宮家のお二人は、まさに現代の皇室と国民との距離をぐっと縮めておられる存在なのではないでしょうか。人びとの過剰な好奇の視線を意識されながらも、皇室の一員としてあるべき姿を追い求めていらっしゃるようにも思います。

そんなお二人も、今や二十代の半ばを過ぎ、またお代替わりを経たことで、改めて心に期すことがあるのではないかと考えました。しかし、眞子さまはご結婚を控えていることから、ご心境を慮《おもんぱか》るには難しい点が多々ありました。

本書でなぜ佳子さまを取り上げたのかというと、実は私と佳子さまには唯一の共通点があり、その人となりに対しての興味をおおいに刺激されたからなのです。

その共通点とは、佳子さまも私も、三人きょうだいの真ん中だという点です。

一般的に生まれ順の特徴としては、「真ん中っ子」は自立心が強くてマイペースな平和主義者だと言われています。ぴったり当たっているかどうかは別にして、「そんな要素も持っているかもしれない」程度には思っています。

いつも母はしみじみと実感をこめて、「三人の子どもたちを産んで、それぞれ同じように育てたのに、まあ、なんでこんなに違うんやろか」と何度も話してくれました。きょうだいが三人三様で、母から見ると面白いほどに発見と驚きがあるようです。

果たして「真ん中っ子」である佳子さまは、どのような個性をお持ちでいらっしゃるのか、知りたいと思ったのがこの本を書くきっかけです。

そこで佳子さまの人間形成に多大な影響を与えたであろう七つの出来事について、関わりのある人、文書回答や記者会見を通して、何に興味を抱き、何を思い、何を夢見てこられたのか、これまで明かされることのなかった心の内を探ってまいりました。

取材を始めた時はコロナ禍のまっただ中でしたが、本書に登場する十六人の人たちはインタビューに快く応じてくださり、佳子さまの貴重なエピソードを伺うことができました。

持ち前の気品と可愛らしさで、そこにいるだけで人びとを魅了する日本のプリンセス、佳子さま。ひとりの人間としての、素晴らしい魅力をぜひ知っていただきたいと思います。

氷上に描かれた美しきステップ

——長久保初枝（元スピードスケート選手　スケート指導者）
長田樹里（元フィギュアスケート選手　スケート指導者）

長久保初枝（ながくぼ　はつえ）

昭和十年、長野県生まれ。旧姓・高見沢。昭和三十一年、全日本選手権スピードスケート女子全種目に日本新記録で完全優勝。昭和三十五年スコーバレー冬季五輪、昭和三十九年インスブルック冬季五輪でも目覚ましい記録を樹立。全日本選手権五回、国体十二回優勝。引退後、夫の長久保文雄氏と後進育成の道へ。

長田樹里（おさだ　じゅり）

昭和四十年、東京都生まれ。旧姓は小沢。専修大学卒業。昭和五十七年～五十八年、全日本フィギュアスケート選手権優勝。昭和五十九年～六十年、冬季ユニバーシアード優勝。昭和六十年～六十一年、アジア冬季競技大会優勝。二十二歳で引退。その後、フィギュアスケートのコーチとなり、東伏見アイスアリーナで二年ほど佳子さまをご指導した。

明治神宮外苑アイススケート場のリンクに面した、室内の観覧席。その窓辺から心配そうな表情でリンクを見つめていたのは、秋篠宮妃紀子さま。視線の先には、今から演技を始めようとする佳子さまのお姿が。これは平成十九年三月三十一日～四月一日にかけて行われた、「スプリングトロフィー・フィギュアスケート競技大会」でのひとこまです。

佳子さまは、この大会の「ノービスB女子小学六年以上の部」に出場され、上位入賞が期待されていました。なぜなら明治神宮外苑アイススケート場をホームグラウンドに熱心に練習を重ね、その実力は関係者なら誰もが知っていたからです。

果たして佳子さまはどんな演技を見せてくれるのか、お母さまの紀子さまも心配とワクワクが入り混じった心境で見つめられていたのではないでしょうか。

「十二番、秋篠宮佳子さま」とアナウンスされると、会場には友達から「頑張って！」の声援が飛び交います。

　薄い水色のコスチュームに身を包み、白いリボンで髪の毛を束ねた佳子さまが、アップテンポにアレンジされた「白鳥の湖」に合わせて滑り始めると、そのお姿はまるで氷上に咲いた可憐なスミレの花のようです。しかし、そのお花は少しもじっとしてはいません。

　まずはスムーズなターンからバックスケーティングに移り、最初のジャンプ。ちょっと慎重になり過ぎたのか、高さは足りない感じでしたが、その後は上体をまっすぐ水平に保ち、右足だけで滑るスパイラル。中盤の見どころは、背中越しに片手でスケートのエッジを摑んで回転するビールマンスピン。しなやかな身体の持ち主でないと、この技は決まりません。さらにY字スピンに、上体を後ろに反らしたまま行うレイバックスピンと、難度の高い回転技を次々に決めます。圧巻は、リンクの中を広く縦横に使う、軽やかでリズミカルなステップワーク。最後はスピンが決まって、誰もが見惚れてしまうほどの美しいできばえでした。

　演技を終えた後の佳子さまの表情は、見事なできばえにもかかわらず飄々としていましたが、どこかほっと安堵されているように見えました。

　結果は期待に応える形で、二位の選手に僅差でしたが見事に優勝。将来は皇室初のオリンピック選手誕生かと、大きな話題となったのです。

皇室は古くからウィンタースポーツに親しみ、フィギュアスケートに関しては特に昭和天皇の弟、三笠宮崇仁《みかさのみやたかひと》さまが熱心に取り組んでこられました。今もフィギュアスケートの大会では、「三笠宮杯アイスダンシング競技大会」や「三笠宮賜杯中部日本スケート競技会」など、三笠宮さまの名前を冠した大会が開かれています。

佳子さまのお父さまである秋篠宮さまも、幼い頃から天皇陛下とともにフィギュアスケートから始まって、やがてスピードスケートへと転向。かなりの腕前でいらっしゃるとか。こうしたスケート好きの宮さまやお父さまの影響を受けて、佳子さまは成長するに従い、自然とスケートの面白さを知っていかれたのでしょう。

平成十六年の秋篠宮さまお誕生日に際しての記者会見で、紀子さまは佳子さまがフィギュアスケートの練習に一生懸命に取り組んでいる様子を語られました。

「佳子は、学校で友達と元気に学び、遊び、学校以外の時間は、先ほど宮様もお話をされましたけれども、いろいろなものを作り出したりすることを非常に楽しそうにしております。また、フィギュアスケートの練習にも励んだり、一輪車に乗って遊ぶこともございまして、身体を動かすことをよくしております」

その十年後の平成二十六年の記者会見でも、二十歳を目前にした佳子さまについてスケートの思い出をこのように振り返られています。

「(佳子さまが) 小学生の頃になりますと、フィギュアスケートに関心を持ち始めて、小学校の授業が終わった後や、休日の早い朝にスケートの練習のためにスケートリンクへ一緒に通いましたことも懐かしく思い出されます」

佳子さまの幼い頃の思い出話の中で、フィギュアスケートに励まれた日々は外すことのできない成長の大きな要因だったことを、紀子さまも感じていらっしゃったのでしょう。健康と体力づくりにスポーツは欠かせませんが、それ以上にスポーツを通して努力することの大切さや目標を達成した時の充実感は、人間的な成長を豊かなものにしてくれます。紀子さまはフィギュアスケートに励む佳子さまを見守りながら、そんな思いを抱いておられたのでしょう。

佳子さまがフィギュアスケートを始められたのは、学習院初等科二年生の時でした。

皇室とスケートの繫がりについて、天皇陛下と秋篠宮さまにスケーティングのコーチをしてきた、女子スピードスケートの草分けであり、オリンピック選手でもあった長久保初枝さんに伺いました。

「宮さま方のスケートコーチを最初になさっていたのは、戦前から世界で活躍されていた、フィギュアスケーターの稲田悦子さんでした。引退後に後進の指導を行いながら、三笠宮さまや高松宮さま、上皇ご夫妻、そして幼い頃の天皇陛下と秋篠宮さまも教えていらっしゃいました」

稲田悦子さんは、まさに日本のフィギュアスケート黎明期に、世界に伍してひとり奮闘してきた伝説のアスリートです。いわば当時のフィギュアスケートの指導者としては最適任者であり、日本の中でも一流の技術を持っていました。その後、天皇陛下と秋篠宮さまはスピードスケートに転向され、長久保さん夫妻が指導することになったのです。

「かつて神宮のアイススケートリンクで、私たちがスピードスケートの指導をしていた頃には、皇太子時代の上皇ご夫妻が稲田さんの指導のもと、アイスダンスのレッスンを受けておられました。幼い天皇陛下と秋篠宮さまとリンクサイドでひと休みしている間、そのうっとりするほど素敵なお二人のダンスにしばし見惚れていたものです」

上皇ご夫妻はワルツを主に練習し、息もぴったりのステップワークを披露されていたと言います。余談ながら練習には、スケートを趣味にしていた当時の最高裁判所長官・横田喜三郎氏も参加することがあり、普段は近寄りがたい存在の長官も、この時ばかりはにこやかにスケートを楽しんでいたとか。

佳子さまの最初のコーチとなったのは、福原美和さんでした。福原さんもまた稲田さん同様、日本におけるフィギュアスケートの第一人者。一九六〇年代には全日本選手権を五連覇し、インスブルックオリンピックでは、日本女子選手初の五位入賞を果たした往年の名選手です。

佳子さまのフィギュアスケートは、前述したように小学校六年生だった平成十九年で、ひとつの頂点を迎えます。中学生となってもフィギュアスケートの練習は欠かさず行っていらっしゃったようですが、大会に出ることはありませんでした。しかし、佳子さまはフィギュアスケートの次なる目標を抱き、そのゴールへ向けて歩み出していらっしゃったのです。

平成二十二年、学習院女子高等科に進学された佳子さまは、フィギュアスケートのさらなる技術の向上を目指して、様々な可能性を模索していたのでしょう。ホームリンクを明治神宮外苑アイススケート場から東伏見アイスアリーナ（現ダイドードリンコアイスアリーナ）に移して、心機一転をはかられたのです。

そんな佳子さまの新たなコーチとなったのは、東伏見アイスアリーナに所属する長田樹里さんでした。実は、長田さんの友人が、学習院初等科で秋篠宮さまと同級生だったことから、佳子さまのこれからのことに関して相談を受けていました。

「最初は私から習うという話ではなく、佳子さまが東伏見アイスアリーナに移りたいと希望されていると相談がありました。そして、移れたらできるだけ年齢の高い先生から習いたいとリクエストがあり、私が担当することになったのです」

東伏見アイスアリーナでは、フィギュアスケートを指導する先生の中で、長田さんが一番年上だったため、自然な流れで佳子さまを教えることになりました。

それにしても、なぜ明治神宮外苑アイススケート場から移りたいと希望されていたのでしょう。これはあくまで推測ですが、皇室と明治神宮外苑アイススケート場は古くから繋がりが深く、練習に行けばリンクは全面貸し切りとなり、全従業員が整列して迎えるというかしこまった対応に、秋篠宮さまや紀子さま、さらには佳子さまは申し訳ないとの思いを募らせていらっしゃったのではないでしょうか。

そのことを裏づける紀子さまからのご要望が、東伏見アイスアリーナに移られる際、長田さんに伝えられていました。

「アリーナを訪れた紀子さまと初めてお会いすることになりました。その時、『普通の子と同じように練習をさせたいと希望していますが、それをしてもらえますか？』とおっしゃったのです」

長田さんは「佳子さまが一般の人と同じクラブに入って、同じように練習するなんてことができるのだろうか？　本当にいいのだろうか？」と、一瞬答えに躊躇《ちゆうちよ》してしまったそうです。しかし、わが子を特別扱いせず、他の子と平等に接してもらうほうが娘のためになるという紀子さまのお考えを理解し、長田さんは「大丈夫です」と答えました。

「他にも紀子さまは、特別な部屋も用意しないでくださいと希望され、クラブの他の子どもたちと同じ更衣室を使うことになりました。私のほうからは、佳子さまを何とお呼びすればよろしいでしょうかと質問しました」

確かにリンクで指導する際に、佳子さまだけをあえて「佳子さま」とお呼びするのでは、他の子どもたちから特別扱いしていると思われるかもしれません。

紀子さまは長田さんの質問に、こう即答されました。

「佳子ちゃんでお願いします。他のお友達にもそのように伝えてください」

皇室の宮さまを指導することに、大変緊張していた長田さんでしたが、紀子さまの気さくな申し出に、一気に緊張も解けて佳子さまを教えることがとても楽しみになっていきました。

そして初めて佳子さまとお会いしたのは、学習院女子高等科一年生に進学されてすぐの四月でした。長田さんは胸をドキドキさせて待っていたところ、佳子さまは普通の女子高生と同じように明るい笑顔でやって来られたのです。

「長田です。これからは佳子ちゃんと呼ばせていただきますね」

「はい、よろしくお願いします」

元気な声は力強く、長田さんにはフィギュアにかける佳子さまの情熱が伝わってきました。リンクの説明や今後の指導方法、そして佳子さまの目標とするレベルなどを話し合いましたが、その受け答えはごくごく普通の女の子。皇室の方であることをふっと忘れてしまいそうになるほど、気さくで常に熱心にお話しされていたとか。もちろんお付きの護衛官が同行していましたが、目立たないように配慮し、威圧感を覚えることはなかったそうです。

東伏見アイスアリーナでは、佳子さまは西武東伏見フィギュアスケーティングクラブのメンバーと同じように、ジュニアBクラスの時間に通われ、それ以外の日も一般営業中に単独の自主練習に励んでいました。しかし、当時は誰も佳子さまと気づかず、あるいは気づいても邪魔しないように周りが気遣っていたのか、自由に練習されていたようです。また他の生徒たちも「佳子ちゃん」と呼び、みんなの中にすっかり溶けこんでおられました。

ただ難点は、西東京市にある東伏見アイスアリーナまで、佳子さまは車で来られていたのですが、お住まいのある赤坂御用地から遠く、青梅街道も混むので到着までいくぶん時間がかかります。佳子さまは学校が終わってから練習に来られるので、それだけでも負担にならないか長田さんには心配でした。しかし、佳子さまはフィギュアスケートが本当にお好きだったのでしょう、時間の許す限り熱心に通われていたのです。

長田さんのレッスンは、それぞれ個人レッスンを数分間行い、それが終わればレッスンで指摘された課題を克服するための練習を、各人が行うというスタイル。佳子さまはリンクで滑る以外にも、スケート靴を脱いで観覧席裏の周回通路を使ってのランニングや、ジャンプの際の回転軸を覚えるイメージトレーニングにも汗を流されていました。

「佳子さまは、本当に感心するほどひたむきに練習に励み、頑張り屋さんでした。紀子さまからは『厳しくお願いします』と言われていたのですが、佳子さまはいつも一生懸命に練習されているので、厳しくしたり、怒ったりする必要がまったくありませんでした」

佳子さまは飲みこみが早く、長田さんが助言したことをよく聞いて素直に「はい」と答えると、アドバイスを咀嚼《そしゃく》するように、間を開けずすぐに練習されていたとか。

また、スケート以外のことでも、佳子さまはよく学校の話をされていたと言います。

「今日は学校でダンスをやったんですよ。その時の動画もあるんです」

と、佳子さまが声を弾ませて報告された時には、長田さんも思わず、

「それを見せてもらえるの？」

と、つい尋ねてしまったとか。

すると佳子さまは二つ返事で快諾され、後日、ダンスの様子を撮影したＤＶＤを持って来てくださったそうです。そのＤＶＤには、学習院女子中高等科の学園祭で佳子さまを含めた五人の女の子が、当時人気のアイドルユニットや海外アーティストの楽曲に合わせて、ダンスを披露しているシーンが映っていました。

その時の感想を長田さんは、こう語ります。

「佳子さまのダンスはお上手で、とても楽しそうなご様子でした。フィギュアスケートもダンス同様に表現力が求められますが、佳子さまは曲の雰囲気をすぐにつかみ、曲調に合

わせて滑られるのがうまく、表現力が豊かでしたね」

身体が柔らかくて、スピンの姿勢が美しいことにも長田さんは興味を引かれました。佳子さまがこれまでの技術を維持し、少しでもジャンプを上達させるということだけを心がけて指導しようと考えていました。

スケーティングの才能は、長田さんから見てもかなりのレベルでしたが、それよりも長田さんの心をとらえたのは、佳子さまの人間性だったと話します。

「クラブの生徒は小さい子も多いので、練習が終わって着替えるためにみんなで更衣室に戻る時や陸上トレーニングに向かう時に、面倒見の良い佳子さまが小さい子の手を引いて甲斐甲斐しくお世話をしてくださったこともありました。他の生徒たちに対しての思いやりにあふれていましたね」

しかも、表立ってあからさまにするのではなく、自然にさりげなくなさっていたことも長田さんはちゃんと見ていました。

佳子さまが小学六年生の時に弟の悠仁さまがお生まれになり、ご両親が公務などで留守にしている間、お世話をされることもあったとか。小さい子を手助けすることに慣れていらっしゃり、クラブの生徒のみんなから慕われていました。

長田さんにとっても、指導しやすい生徒だったようです。

「もちろん、わがままをおっしゃったり、不機嫌になったりなど微塵《みじん》もなく、素朴で明るい素敵な女の子でした」

その頃、佳子さまが目標にされていたのは、フィギュアの実力を客観的に評価する「バッジテスト」の昇級でした。フィギュアスケートでは、日本スケート連盟が定めている昇級試験があり、合格すると実際に獲得した級のバッジがもらえるので、「バッジテスト」と呼ばれているのです。

バッジテストは一番下が初級で、一番上が八級と、数字が大きくなるほど実力が上と評価されます。公式の大会では「バッジテストの○級に合格」が条件となり、所定の級を持っていないと出場できない場合もあります。浅田真央《あさだまお》さんや羽生弓弦《はにゅうゆづる》さんなど、日本を代表する多くの有名選手は七級保持者で、最高難度の八級を持っている選手はほとんどいないそうです。

長田さんがレッスンを始めた時、佳子さまは五級でした。そのためひとつ上の六級合格が当面の目標でした。六級の試験は、基本的なスケーティングを審査するステップ、ジャンプやスピンを審査するエレメンツ、そして所定の時間内で決められたプログラムを滑るショートプログラムとフリーの三つのカテゴリーがあり、そのすべてに合格しなければなりません。ただし「課題残し」といって、エレメンツの複数ある課題の中でクリアされたものがあれば、その課題は合格となり、次回からはクリアできなかった課題のみに挑戦できる仕組みになっています。

佳子さまはスケーティングの美しさで高い評価を得て、ステップやスピンなども上手にこなされていましたが、唯一ジャンプが壁となっていました。六級に合格するには、二回転半のダブルアクセルを飛ばなくてはなりません。二回転まではできるようになっていましたが、残りの半回転がどうしても足りず、バッジテストでは涙を飲んでいました。

当時のご様子を長田さんは、こう振り返ります。

「佳子さまは六級を目指されて、本当に頑張られていました。私もジャンプのコツを幾度も教えて、できる時もあればできない時もあり、一喜一憂することもありましたが、くじけることなく黙々と努力されていたのが印象的でした。限界まで挑まれていた佳子さまに、私からは『やればできるから自分を信じて頑張りましょう』と、励ますしかありませんでした」

確かに一発勝負の試験では、運も大きく作用します。体調も関わってきますので、普段できていた技がその時だけ失敗するということもあるでしょう。リンクにたったひとり、大きなハードルを目の前にして、プレッシャーも相当なものだったことが容易に想像できます。その高いハードルをクリアするには、一にも二にも練習しかありません。

ジャンプの難しさについて、長田さんに聞くと、

「ジャンプは一生懸命に練習しても、できない時はどうやってもできないものなんです。幼い時は転ぶのを恐れずにジャンプできるのですが、成長してくると転ぶと痛いので、無意識に大胆にジャンプに挑めなくなり、上達が難しくなってきます。小さいうちに飛べるようになっていれば、きっとできたのだと思いますが、ある程度大きくなってから取り組むのは実はとても難しいのです」

学習院女子高等科一年生の二月に、佳子さまは満を持して六級の試験を受けられました。この時ばかりは、お母さまの紀子さまも会場を訪れ、隠れて様子を見守られていたそうです。

テストが始まり、佳子さまは順調にカテゴリーごとの課題をクリアしていきました。しかし、やはり鬼門となっていたのは、ジャンプでした。練習では成功していたはずな

のに、ダブルアクセルに失敗。苦手意識が身体を固くさせたのでしょうか。

結果は、ジャンプの失敗が響き、悲願の六級合格はかないませんでした。

努力の日々を過ごしてこられた佳子さまの傍で、ずっと見守ってきた長田さんも、この結果に非常に残念な思いでした。

「佳子さまは苦手なことを克服しようとされる時も、やりたくないという表情を見せたことは一度もありませんでした。バッジテストで、うまくジャンプができず、さぞかし悔しいだろうと思っていましたが、テストが終わっても動揺する様子はなく、いつもと変わらず明るく振る舞っておられました」

誰にでも心を開いて気遣いを忘れない佳子さまは、長田さんやクラブの友達を悲しませないように気丈に対処されたのだろうと長田さんは言います。

「きっと佳子さまは、芯がとても強くていらっしゃると思います。努力することで不可能を可能にすることを信じ、仮に目的が達成されなくても、佳子さまはそこに至る過程で多くを学び、またそのことを自覚されていらっしゃるように見えました」

悔しい思いを残し、バッジテストは終了。しかし、佳子さまはまだまだあきらめてはいらっしゃいませんでした。

その年の四月一日から、東伏見アイスアリーナで、佳子さまが優勝経験のある「スプリングトロフィー・フィギュアスケート競技大会」が行われることになり、ホームリンクとあって絶好の機会がめぐってきたのです。

佳子さまは出場する意思を示され、長田さんもバッジテストの雪辱を果たして、次の段階へ進む良いステップになる大会と考えていました。

大会へのご出場も決まり、佳子さまの練習にも気合が入ります。長田さんも良い結果を残してほしいとの思いを強くしていきました。

ところが、思いもかけない出来事が襲いかかります。

平成二十三年三月十一日午後二時四十六分、宮城県沖を震源とするマグニチュード九・〇という大地震が発生。その後、三陸沿岸に巨大津波が襲来し、未曾有の被害を生んでしまったのです。東北地方の沿岸部では、多くの被災者が平穏な日常生活を送れなくなったばかりか、家族が離れ離れになり、その安否すら確認できない状況に置かれました。

上皇さま（当時、天皇陛下）は、異例のビデオメッセージを出され、国民同士助け合って、この難局を乗り越えようと訴えました。

皇室にとって、この災害は他人事《ひとごと》ではありません。それは佳子さまにとっても同様でした。

わずか二十日後に迫っていた大会への出場辞退が、長田さんに伝えられたのは、震災のすぐ後のことでした。

小学六年生で出場して以来の公式試合。しかし、被災者の人たちが辛い日々を過ごしていることを考えれば、お立場上、出場するわけにはいかず、長田さんは残念に思いつつも「仕方のないこと」と受け入れるしかありませんでした。

やがて佳子さまは高等科二年生に進級。震災後、しばらくの間は練習を自粛されていましたが、その後、レッスンを再開されました。しかし、以前のように思いっきり自由に練習に取り組めない状況が迫っていました。

小、中、高と多感な時期をフィギュアスケートに打ちこんで、楽しい時も辛い時もリンクの上で頑張ってこられた佳子さまに、純白のスケート靴を脱ぐ季節が近づいていたのです。

佳子さまが高校三年生に進級された頃、長田さんのもとに、大学受験に向けた勉強のため、レッスンをしばらく休む旨が報告されました。

高校に入ってから長田さんのもとで練習に励み、努力することの大切さや挫折を味わいながらも、常に前向きに明るく笑っていらした佳子さまの思い出が、長田さんの胸の中に幾度も去来していました。

そして、その年の十一月頃のことでした。

佳子さまは紀子さまとご一緒に、東伏見アイスアリーナの事務所に足を運ばれたのです。長田さんは「これでお別れなのだろう」と感じ、万感の思いがこみ上げてきたと言います。

「先生、お世話になりました。ありがとうございました」

と、佳子さまは頭を下げて、長田さんに挨拶をされました。長田さんは心の中で「ああ、やっぱり終わりなんだ」と思ったそうです。

涙が出そうになるのを我慢し、長田さんは声を振り絞ってこう尋ねました。

「スケートを続けられなかったんだね」

と言うと、佳子さまはフィギュアスケートを辞めることになった理由を、ぽつりと話されました。

「約束なので……」

佳子さまは頑張って練習したけれど、目指していた六級に合格するという結果を出すことができませんでした。おそらく佳子さまは、六級に合格できなかったらフィギュアスケートを一旦卒業して勉強に集中することを、お母さまの紀子さまと約束されていたのかもしれないと長田さんは感じました。公式大会への出場も東日本大震災が起きてかなわなくなり、佳子さまは決心されたのではないでしょうか。

長田さんは佳子さまの「約束なので……」というお言葉に、「そっか……残念だったね」と言うのが精一杯でした。

長田さんの目には、その時の佳子さまは悔しがっているというより、自分が約束をして達成することができなかったのだから仕方がないと、冷静に現実を受けとめて意外にさばさばしているように見えたと言います。

実は、長田さんは前々から、佳子さまから今後の進路について話を聞いていました。

「そのまま学習院に行かないの？」

と聞くと、佳子さまは、

「ちょっと他へ行ってみたいんです」

と、ご自分の希望を話されていたとか。

長田さんはそんなことを思い出しながら、佳子さまのこれからの日々が実り多きものになるよう、祈らずにはいられませんでした。

佳子さまとの日々を、長田さんは、あの名作映画にたとえて語ってくれました。

「あっという間の二年間で、まるで映画の『ローマの休日』みたいでした。プリンセスを普通の生徒のひとりとして見て接してきたのが夢のようで……。もう佳子さまに会えないんだと思うと、淋しさで胸がいっぱいになりました」

今はテレビで佳子さまのご成長ぶりを、目を細めながら見ているという長田さん。

令和元年に行われた即位礼正殿の儀のテレビ中継を見ていて、長田さんはあることに気づいたと言います。

皇室の方々が重厚な十二単《じゅうにひとえ》を身にまとい、長い儀式の間中、じっと立っていらっしゃるご様子に、「佳子さまだけ動いてない」と、長田さんは見入ってしまったとか。佳子さまの微動だにしないお姿は、フィギュアスケートのジャンプで培った体幹の強さが生かされているのではないかと感じたそうです。

また、伊勢神宮の玉砂利の上をロングコートで歩く時も、佳子さまが終始、身体の軸を動かさずに颯爽とされていたのは、ジャンプをする際に回転軸をブレさせない訓練の賜物だと話します。

今回の取材にあたり、長田さんは佳子さまとの縁を繋いでくれた、秋篠宮さまの同級生に連絡したところ、佳子さまが「東伏見アイスアリーナに行って良かった」と、話されていたと聞き、とても嬉しい気持ちになったと言います。

フィギュアスケートの練習に没頭した日々は、佳子さまにとっても、そして長田さんにとっても、楽しく充実した思い出となっているようです。

手話が育む心の絆

――平井伸治（鳥取県知事）

井崎哲也（社会福祉法人　トット基金　日本ろう者劇団顧問）

平井伸治（ひらい　しんじ）
昭和三十六年、東京都生まれ。東京大学卒業後、自治省に入省。平成十九年、鳥取県知事選挙に初当選。県民から人気が高い知事として知られ、現在四期目。全国高校生手話パフォーマンス甲子園を発案し、実行委員会会長を務めている。

井崎哲也（いざき　てつや）
昭和二十七年、佐賀県生まれ。東京教育大学附属聾学校卒業後、「東京ろう演劇サークル」（「日本ろう者劇団」に改称）の設立に参加。文化庁芸術祭賞受賞の手話狂言が世界各地で絶賛される。秋篠宮妃紀子さまに手話指導を行った。

ひまわりの大輪の花を中心に、フラワーアレンジメントが美しく飾られたステージ。そこに佳子さまがお出ましになると、会場は割れんばかりの拍手に包まれました。ひまわりの花言葉は、「未来を見つめて」そして「元気な子供」を意味します。

佳子さまが出席されたその式典は、令和元年九月に行われた「第六回全国高校生手話パフォーマンス甲子園」の開会式でした。ひまわりの花言葉のように、元気な高校生の未来を見つめて開催されたのです。

開会に際して佳子さまは力強い手話を交えて、全国から集まった高校生たちにこう語りかけられました。

「出場される皆様は、様々な工夫をしながら練習に励んでこられたことでしょう。これまで積み重ねてこられた努力の成果が十分に発揮されることを期待しております。大切な言語である手話に対する理解がより一層深まるとともに、この大会が皆様にとって素晴らしい思い出となることを願い、私の挨拶といたします」

全国高校生手話パフォーマンス甲子園は、毎年秋、鳥取県で開催され、佳子さまはリーズ大学に留学されていた平成二十九年の第四回大会を除いて、すべての大会に出席されています。

なぜこのイベントが鳥取県で始まることになったのか、その経緯を発案者の平井伸治鳥取県知事に伺いました。

「私は大学時代、赤十字の国際ボランティアとして、海外から日本に来た障害者のスポーツ選手たちをサポートしたのですが、その経験から、お互いに欠けているものを補って、助け合って生きていくという社会観を学びました。これが今の全国高校生手話パフォーマンス甲子園に繋がっていると思いますね」

平井知事が担当したのは、タイから訪れていたチームの人たち。タイは「微笑みの国」と言われるだけに、人びとは「サワディカー（タイ語でこんにちは）」と言って手を合わせて、笑みを絶やしません。

東大生だった平井知事が、「レセプションがありますから、あのビルに一緒に行きましょう」と英語で話すと、タイの選手たちはニコニコして頷いていたので、てっきり理解してくれていると思っていました。

ところが、実は何も通じていなかったことを後で知って、愕然としたと言います。お互いに英語が母国語ではないため、会話が通じていなかったのですが、タイの人たちは平井知事を気遣って、不満などないという意思を伝えようとニコニコしていたのでした。

ある時、平井知事はタイの選手たちが身振り手振りで意思の疎通をはかっていることに気がつきました。よく見ていると、彼らは平井知事のことを、鼻の前で手をグーにして前に出し、「鼻」という手振りで表していたのです。

「私は鼻が鉤鼻《かぎばな》のため、そのように示していたのでしょう」

視覚障害や聴覚障害など、いろんな障害がある選手が混在するチームでは、手話に似た身振り手振りのほうが話すことより便利でした。そのことを理解した平井知事は、「そうか、手話で伝えればいいんだ」と思い、選手たちを誘導する際には、「こっちの方向に行ってください」という意味で、手をぐるぐる回して方向を示す手振りで伝えてみたのです。すると、タイの障害者たちは一斉にその方向へ進み、言葉は通じなくても手話を使えば、意思の疎通がはかれることを実感しました。

この出来事から平井知事は手話の素晴らしさを実感し、直接心から心へ伝えることのできる感覚的な言語なのだということを知る、大きな機会となったのです。以来、手話を学び、ろう者の方たちに心を寄せるようになったと話します。

鳥取県知事になって二期目の平成二十五年十月八日、県議会において日本で初めて「鳥取県手話言語条例」が成立しました。この取り組みは、「全日本ろうあ連盟」の「手話も日本語や英語と同じ言語である」という運動に平井知事が共感し、全国に先駆けて条例化したものでした。この条例の制定以降、鳥取県は「手話の聖地」というイメージが広がっていきました。

翌年には、条例制定一周年記念事業として、何かイベントを催したいと考え、始まったのが高校生による手話パフォーマンス甲子園でした。

「当初は手話のスピーチコンテストを考えていたのですが、それはすでにあったため、ならばパフォーマンスをやろうと思いつきました。演劇でも手話の歌でもいいではないか、そういうものを競い合うほうが、今の高校生には合うのではないかと考えたんです」

ちょうどこの年、「第十四回全国障がい者芸術・文化祭とっとり大会」を開催することが決まっており、当時、十九歳だった佳子さまが、紀子さまとともに出席されたのでした。

その中の催しのひとつとして、障害のある人たちが演じる舞台、チェーホフの『三人姉妹』が上演されました。観劇後、紀子さまと佳子さまは、演じた人たちを労おうと、舞台そでまで歩み寄り、会釈をされたのです。そこには扇形に障害者の演者たちが並び、紀子さまは手話で「素晴らしい演技でしたね」と感想を伝えられました。佳子さまもその隣で、紀子さまのなさりようをご覧になっていました。

紀子さまの温かなお言葉は、それまでずっと緊張していた演者たちの心を溶かしたのでしょう、ついには感激のあまり、誰もが大声でわぁわぁと泣き出してしまったのです。傍で付き添っていた平井知事も、突然の出来事に戸惑ってしまうばかりでした。

すると、紀子さまは意外な行動をとられたと話します。

「紀子さまがスッと歩み寄って、演じた障害者の皆さんに近づき、一人ひとりにハグされました。そして『あなたの演技、良かったですよ』と話され、大きな包容力と愛情を示されたのです。そのおかげで、その場の沸騰した雰囲気も収まり、とても感動的なフィナーレを迎えることができました」

紀子さまの優しさを、目の前でご覧になった佳子さまも、心に深く感じるものがあったのでしょう。佳子さまもまた紀子さまと同じように、一人ひとりとしっかり握手をされたと、平井知事は話します。

「ああ、やっぱり秋篠宮家の皆さまは、障害者の皆さんに寄り添っていらっしゃるのだなぁと実感した瞬間でした」

予想もしなかったハプニングが起きても、紀子さまは動じることなく、障害者たちの気持ちに寄り添われました。娘の佳子さまにお手本となる行動を示されたことに、平井知事はこんな推測を抱いていました。

「紀子さまと佳子さまがお二人でお越しになったことは、母から娘へ繋ぐひとつの思いがあったのかもしれませんね」

ご滞在中、平井知事は県の関係者らと一緒に、お二人と会食の席をともにしました。その際に佳子さまのユーモアを感じさせる、こんな出来事が……。

「私が、今鳥取で一番話題になっていることを申し上げました。鳥取にはいまだにスターバックスがないんです……と話しますと、佳子さまがすかさず、『でも知事さん、スナバがありますよね』と切り返されたのです」

実はこれ、平井知事が鳥取県を有名にしたいと考え、宣伝に使った自虐ネタ。

「鳥取にはスタバはないけど、スナバがある」

スナバとは、言うまでもなく鳥取砂丘なのですが、このインパクトあるキャッチフレーズを佳子さまはご存じだったのです。

さらに平井知事を驚かせたのは、同じ月に開催された記念すべき「第一回全国高校生手話パフォーマンス甲子園」に、再び紀子さまと佳子さまが出席されたことでした。

「わずか一カ月の間に、お二人揃って二度もお越しいただくことは、想定外でした。本当に驚きました」

どちらの行事でも佳子さまは、紀子さまが多くの人たちに心を尽くして接し、障害者の人たちとコミュニケーションをはかられる姿を見ていらっしゃいました。紀子さまには、ご自身がそうされたように、近い将来、佳子さまにも障害者の人たちに寄り添った公務を行ってほしいとの思いがあったのでしょう。

紀子さまが手話を始められたのは学習院大学に通われていた頃、大学祭で手話劇『夕鶴』を鑑賞し、感動したことがきっかけでした。やがて手話への関心が高まり、大学の手話サークルにも入会し、手話の本格的なトレーニングを始められました。

紀子さまの手話習得の過程で、生涯の恩師とも言える方との大きな出会いがありました。

それは平成元年のこと。紀子さまは手話講座に通っていたお友達から、その講座の先生を紹介されたのです。その人は、当時、ろう者の演技者・パフォーマーとして活動していた、井崎哲也さんでした。

井崎さんがろう学校卒業後、パフォーマーとしての可能性を探っている中、黒柳徹子さんがアメリカから「ナショナル・シアター・オブ・ザ・デフ」（アメリカろう者劇団）を日本に招へい。アメリカにプロのろう者俳優がいることに衝撃を受け、昭和五十五年、「東京ろう演劇サークル」を仲間とともに旗揚げしました。

その後、黒柳さんが運営する「社会福祉法人 トット基金」の支援を受け、「日本ろう者劇団」と改称して新たなスタートを切り、シェークスピアの古典から伝統芸能の狂言まで、様々な演劇を手話によって上演しています。

当時、井崎さんに紀子さまを紹介した手話講座の生徒さんは、「礼宮さま（秋篠宮さま）とお付き合いしている」ことをこっそり伝えていたとか。それを聞いて井崎さんは、とても驚いてしまったと話します。

「その後、手話にとてもご興味がおありだったので、私たちが上演する『手話狂言』に紀子さまをご招待したところ、友人と一緒に見に来られたのです。手話狂言を観劇した後、紀子さまは『面白いですね』とおっしゃってくださいました。狂言の中の手話はまだ少ししかお分かりになっていませんでしたが、動きが面白いと話されていましたね」

平成二年、秋篠宮さまと紀子さまが結婚されると、紀子さまは手話狂言におひとりでいらっしゃるようになりました。公演が終わると劇団員に手話で激励の言葉をかけ、くるみが入った手作りのクッキーをお持ちになったことも。その時のクッキーの箱は捨てられず、トット基金の事務局でガラスケースに入れて今も大事に飾っています。

井崎さんと出会って、紀子さまはさらなる手話の上達を目指されました。皇室に嫁がれた翌年の平成三年から、井崎さんは秋篠宮邸へ招かれ、手話のご指導に行くようになったのです。

手話のレッスンは月に二回、一時間ほどでした。紀子さまは非常に熱心で、分からない時には「もう一度お願いします」とおっしゃり、真剣に学びたいという強い意志が感じられたと言います。井崎さんは、すでにある学習用の教材に合わせて教えるのではなく、自然な手話を心がけました。というのも、紀子さまが興味を持たれたのは、手話を主な会話手段とする、いわゆるネイティブサイナーの日常言語としての手話でした。

時には言葉に表せない微妙なニュアンスを顔の表情や仕草、身体を使ってのパントマイムなどを駆使して伝え、言語特性以外の表現手段としての魅力も感じていただけたのではないかと井崎さんは語ります。

「たとえば、雨が降ってきて濡れてしまったけれど、日が差してきて空を見上げた瞬間、思わず感動するというシーンを演じて、何を見て感動したのか、クイズにして出したこともあります。答えは虹なのですが、手話の根底にある、表現としてのボディランゲージの原点を、楽しみながら知ってもらえたと思います」

紀子さまは、子育てにも手話を取り入れていらっしゃいました。子どもたちに教えるという感じではなく、家族の普通の会話の中で使ってみせて、手話に慣れ親しむよう努力されていたと言います。

長女の眞子さまがお生まれになった時には、井崎さんが監修した子ども向けの手話の本『手話《てことば》の本』をプレゼントし、十八歳になられた時にも、大人向けの『手話の本』を贈ったそうです。

「年齢に合わせて、その都度、手話の本をお渡ししているので、きっと佳子さまもお読みになっているのではないでしょうか」

平成二十七年二月一日、佳子さまは紀子さまとともに、井崎さんが主宰する「日本ろう者劇団」の「手話狂言・初春の会」を鑑賞されました。劇団を支える「社会福祉法人トット基金」理事長の黒柳徹子さんも、お二人を出迎えました。以前も紀子さまと一緒にお越しになったことがあり、手話狂言を鑑賞されるのは、佳子さまにとって二回目でした。

観劇後には劇団員と懇談し、井崎さんは佳子さまから「楽しくて笑いました」と言葉をかけられました。その時、紀子さまから習われたであろう手話で、佳子さまは「楽しい」というお気持ちを表されたとか。まだぎこちない手話でしたが、一生懸命な思いが伝わってきて、井崎さんも喜びで胸がいっぱいになったと言います。

前年の十二月二十九日に誕生日を迎えられ、成人してまだ一カ月余りだったことから、井崎さんは佳子さまに、こんな質問をしてみました。

「お酒は飲まれたんですか？」

すると、ちゃんと質問の意味を理解し、手を横に振りながら佳子さまは、「まだ飲んでいません」と、お答えになったとか。

「その時の佳子さまの身体の動きを見て、これから始まる生活が楽しみでワクワクしているという気持ちが伝わってきて、とても可愛かったのを覚えています」

と、井崎さんは当時の光景を思い出し、顔をほころばせました。若い皇族の方が手話をしてくださることは、この上もなく嬉しい出来事だったのでしょう。

「明るくてお話ししやすい雰囲気を持っていらっしゃる方」

という印象を持ったと言います。


二十歳の成年皇族となった佳子さまは、手話狂言を鑑賞した同じ年の秋、前年に続いて「第二回全国高校生手話パフォーマンス甲子園」に出席されました。この時は、紀子さまのお伴ではなく、単独でのご公務。開会式では、初めて手話を交えて挨拶をされたのです。

「手話は言葉であり、大切なコミュニケーション手段のひとつです。この大会を通して、手話に対する理解と、聴覚に障害のある方々に対する理解が、いっそう深まるとともに、この大会が皆さまの素晴らしい思い出となりますことを願います」

鳥取県で毎年行われている全国高校生手話パフォーマンス甲子園に、佳子さまはこれまで五回にわたって出席されています。

主催者の平井伸治鳥取県知事は、大会のシンボルのようになられた佳子さまに、心から感謝していると話しています。

「佳子さまのご臨席は、手話の普及に大きく役立っていることは間違いありません。佳子さまが開会式で、手話でお言葉を述べられる様子は、全国でニュースとして放送されます。そのお姿に憧れて、手話を学ぶ子どもたちも増えてきています。開会式の前日に行う、高校生たちとの交流会では気さくにお声がけをされていますが、それが子どもたちにとっては、憧れの佳子さまと手話を通じてめぐり合う喜びとなり、手話を大切にしなければならないという確信を持てる機会にもなっていると思います」

平井知事が語るように、大会前日には参加する高校生たちとの懇談の場が設けられ、佳子さまが親しくお声がけをされることが恒例となっています。

「緊張していますか？　私もダンスが好きなんですよ」

「頑張ってくださいね、楽しみにしています」

と、世代の近い高校生に共感を表し、同じ目線に立って手話を交えて話をされます。

そんな佳子さまの姿を傍で見守ってきた平井知事も、ただただ感心するしかありませんでした。

「参加する高校生たちの緊張をほぐし、お力を分けてくださいます。佳子さまのお言葉が、翌日に向けて高校生たちをリラックスさせ、十分に実力を発揮できる支えとなっていると思います」

大会本番では客席から高校生たちの熱演を鑑賞し、面白い時は声をあげて笑い、感動的な場面ではじっと見入っていらっしゃるとか。会場でいつも佳子さまの隣の席に座っている平井知事は、そんなご様子をこう評しています。

「佳子さまは穏やかにご覧になっているのですが、そこにはひとつの優しさがあるんですね。自分も演者となってパフォーマンスをされた経験があるからだと思いますが、皆さんの一生懸命さを愛《め》でるようなお気持ちが、横にいて伝わってきます。温かい目で高校生たちの頑張りを見てくださっているんです」

また、それぞれの演目についても常に興味を抱き、平井知事に「どういう方たちですか?」と質問をしたり、舞台の構成にも関心を寄せたり、高校生たちが繰り広げる手話のパフォーマンスを心から楽しんでおられると話します。

さらに平井知事が驚いたのは、佳子さまの抜群の記憶力だったとか。

「佳子さまは一つひとつの演目を丁寧にご覧になり、その内容もよく覚えていらっしゃいます。会場から出る時、歩きながら、佳子さまは感想をおっしゃるのですが、『あそこがひとつのポイントでしたね。面白かったです』とか、『あの高校は、以前、優勝した学校ですね』と、内容だけでなく、学校名も覚えていらっしゃり、佳子さまがこの行事を大切に思ってくださっていることが伝わってきました」

平井知事によれば、佳子さまの手話はとても分かりやすく、いろんな心遣いがこめられていらっしゃるとか。

「私は手元で手話をするのですが、佳子さまの手話は、会場の奥にいる人にも見えるように大きな動きをされます。おそらくそういった手話を心がけておられるのではないかと思いますね。実は紀子さまの手話も、同じタイプの手話なんです」

紀子さまの手話は、指先まで整っており、正しくきれいであることが特徴で、遠くにいる人にもよく分かる手話をされると言います。手話パフォーマンス甲子園の会場にいる、千人ほどの観客すべてに、ご自分の手話が見えるよう配慮されているのだろうと、平井知事は話します。

佳子さまの気遣いと努力に対して平井知事が、

「佳子さまの手話のご挨拶はお上手ですし、皆さんが勇気づけられます」

と伝えると、佳子さまはこうおっしゃったとか。

「いえ、大変なんです。一生懸命に練習しています。知事さんは自然に手話をされて、うらやましいです」

平井知事も開会式で手話の挨拶をしています。佳子さまが他の人たちの手話も熱心にご覧になり、常にご自分の手話を上達しようとされていることに、平井知事は感激したと言います。

そして、もうひとつ。平井知事が大会当日の夜のニュースを見ていて、ハッと気づいたことがありました。佳子さまは、前日の交流会では明るい色の洋服を着ていましたが、当日は暗めな洋服を選んでいらっしゃったのです。

「それまでは気がつかなかったのですが、これは手話が見えやすいようにと考えて、お洋服の色合いを決められたのだと確信しました。それだけ手話に対して誠実に取り組んでおられるのです」

平井知事がこれまで佳子さまに会った回数は、事前のご説明も含めると、二桁にのぼります。

そのたびに佳子さまに接してきた、平井知事が語る素顔とは……。

「佳子さまは障害者や子どもたちの可能性を開いてくれる、導き役を果たしてくださっています。ご自身も手話を極めようとされて、年々、手話のキレ味が増しています。驚くほど研究熱心で、最初は私たちも想定していなかったのですけれど、手話パフォーマンス甲子園では、すべての演目をご覧になってくださいます」

また、佳子さまが一つひとつ丁寧に、そして皇族らしい公平さを持って、皆さんに接しておられるのは、天性の感性と心の深さによるところが大きいと話します。それは紀子さまという良きお手本を通して育まれてきたことの証しだと、平井知事は感じています。

「鳥取県民にとって、佳子さまが手話パフォーマンス甲子園などでお越しになることは、小さな県だけれど、大きな誇りになっています。ぜひ私たちもそのお心に違《たが》うことなく、手話の普及と子どもたちの応援をしていきたいと考えています」

そして手話の先生として、秋篠宮家に十年以上も通ってきた井崎さんも、忘れられない佳子さまの思い出を語ってくれました。

平成三十年、「第五回全国高校生手話パフォーマンス甲子園」に、井崎さんがゲストとして招かれた時のこと。大会前日の交流会で、井崎さんが佳子さまに「こんにちは」と挨拶をすると、佳子さまは輝くような笑顔を見せて、手話で「お久しぶりです」と答えてくださったと言います。

交流会では関係者の挨拶など、予定されていたひととおりの段取りが終わると、井崎さんが手話とパントマイムを組み合わせて考案した、サインマイムを披露する予定になっていました。佳子さまにも見ていただけるものと張り切っていたのですが、サインマイムが始まる前にすでに佳子さまは帰られていたのです。

しかし、その翌年、佳子さまが「手話狂言・初春の会」を見にいらっしゃった時、井崎さんに会うとすぐに、手話でこう伝えられました。

「サインマイムを見られなくて、残念でした」

井崎さんは佳子さまの優しいお心遣いが胸に染み、鳥取県でのことを覚えていてくださったのだと感無量の思いだったとか。

そして佳子さまの手話の特徴を、井崎さんはこう語ります。

「指の先まで伸びて滑らかな手話をされます。佳子さまは、本当に上品な手話をなさいます」

井崎さんによれば、声やしゃべり方で人柄が分かるのと同じで、手話表現にも人柄が表れると言います。心が乱暴な人は乱暴な手話になるのですが、佳子さまの手話は、相手に対する思いやりにあふれていて分かりやすく、日々の努力によって上達された、とても真面目な手話なのだと評します。

紀子さまに続いて、眞子さまや佳子さまといったように、世代を超えて皇室の方々が手話に理解をお示しになり使ってこられたことで、社会において手話が一般的に身近になっていったのではないでしょうか。

今では、政府や自治体などの記者会見でも手話通訳がつくことが多くなり、言語のひとつとして認められる時代となったのも、そうした皇室の方々のご尽力のおかげだと井崎さんはしみじみと感謝の気持ちを語っていました。

「昔、手話は恥ずかしいとか、みっともないとか言われていました。私は小さい頃、親に手を動かすなと注意され、見えないようにしてろう者の友達と手話で話していました。電車の中で手話をすることなど、とてもできなかった時代でした。それが今では堂々と手話で話すことができます。本当に感謝してもしきれません」

平成三十一年一月、先述の「手話狂言・初春の会」に眞子さまと佳子さまが、姉妹でお越しになりました。お二人が現れると、パッと花が咲いたような華やかさに客席はため息のようなどよめきに包まれました。観劇後には劇団員と懇談され、井崎さんはお二人の完璧な手話に目を見張ったと話します。

「まさか眞子さまや佳子さまが、こんなに手話が上達されているとは驚きました。今では手話通訳の人がいなくても、自由自在に手話でコミュニケーションが取れるようになられて、本当に嬉しく思いました」

以前はお声で話して手話通訳の人に翻訳してもらっていたのですが、この時はお二人とも直《じか》に手話でお話をされ、通訳は必要ないほどでした。しかし、時折、手話通訳の人に「これでよろしかったでしょうか？」と確認して、「通訳は必要ありません」というような態度は絶対になさらなかったと言います。

眞子さまと佳子さまは、手話通訳の人にも配慮しつつ、皆で楽しくお話が進んでいくよう、心がけていらっしゃったのです。また、ろう者の手話が読み取りにくい時も、分からないという表情をされることは一切なく、自分が読み取った意味を手話通訳の人に確認しながら、自然に会話ができるようにしてくださっていたとか。

この日、井崎さんは、佳子さまからこんな質問を受けました。

「手話狂言で大変なことは、何ですか？」

それは、井崎さんにとって、まさに待っていましたと言いたくなる質問でした。

手話狂言を指導する和泉流狂言師・三宅右近師は、間の取り方にこだわり、稽古の時も間を合わせることに一番厳しく指導を行っていました。当日の本番に向けて、井崎さんを

平成27年、「手話狂言・初春の会」を観劇に来られた佳子さま。
（撮影＝白滝富美子）

はじめ劇団員たちは、毎日、必死の思いで間の取り方を身につけてきたと言います。井崎さんは熱をこめて、そのことを手話で佳子さまに伝えました。

「狂言師の声の長さと、自分たち劇団員が手話表現する長さを合わせるには、徹底的に身体で覚えるしかありません。それには一にも二にも、稽古しかないんです」

その熱い思いが佳子さまにも伝わったようで、「そうなんですか」「そうなんですね」と、頷きながら、ずっと熱心に話を聞いてくださったと話します。

劇団員との懇談は十分の予定でしたが、つい話題が多岐にわたり、二十分ほどに延びてしまったとか。近くにいるお付きの人から「そろそろ終わりにしてください」と言われて、お二人は「それではこれで」と頭を下げて帰られたそうですが、とても名残惜しそうな様子だったと井崎さんは振り返ります。

「手話は人とコミュニケーションする際の、ひとつの言語です。佳子さまは英語もおできになるので、国際手話も習得されたらいいのではないかと思います。もともと佳子さまはお話ししやすい雰囲気を持たれている方なので、国際手話を習得すれば、外国のろう者に会った時も、自然に会話できると思います」

実際、紀子さまは日本語の手話以外に、英語やインドネシア語の手話も使うことができるそうです。紀子さまが皇室に入られる前から長年の繫がりがある井崎さんは、語学堪能な佳子さまにもぜひ海外で手話を使われることで、世界の人びとと心を通わせていただきたいと願っています。

秋篠宮家の佳子さま

――千代川茂（三陸花ホテルはまぎく代表取締役）
山下晋司（皇室ジャーナリスト）

千代川茂（ちよかわ　しげる）
昭和二十九年、岩手県生まれ。三陸花ホテルはまぎく代表取締役。東日本大震災の津波で被害を受けたが、美智子さまが御所の庭で育てられている「はまぎく」に励まされて再建。大槌町三陸ジオパーク推進協議会会長・大槌町観光交流協会理事長。

山下晋司（やました　しんじ）
昭和三十一年、大阪府生まれ。皇室ジャーナリスト。二十三年にわたり宮内庁に勤務。退職後、「皇室手帖」編集長を務め、皇室解説の第一人者としてテレビ、新聞など各種メディアで活躍中。著書に『いま知っておきたい天皇と皇室』（河出書房新社）、監修にテレビ東京・ＢＳテレ東「皇室の窓」などがある。

昭和天皇の喪が明けた平成二年六月二十九日、秋篠宮さまと紀子さまの結婚の儀が行われ、お二人は晴れてご夫婦に。翌年には長女の眞子さまが誕生し、その三年後の平成六年には次女・佳子さまがお生まれになりました。

当時、ご一家は昭和六年に宮内省乳人《めのと》官舎として建てられた、かなり古くて狭い御仮寓《ごかぐう》所にお住まいでしたが、平成十年から建築が進められていた増築部分が平成十二年に完成し、広くなった秋篠宮邸で眞子さまと佳子さまを伸び伸びと育てられるようになりました。

秋篠宮家ではご両親のもと、佳子さまはどのような日々を過ごされ、何を大切にされてきたのでしょうか。平成元年九月十二日、秋篠宮さまと紀子さまのご婚約内定記者会見の席で、紀子さまは将来の家庭像をこのように話されていました。

「礼宮さま（秋篠宮さま）とご一緒にのんびりと明るく、和やかな家庭を築けたらと思っております。後の質問（お子さまは何人ぐらいお望みですかとの問い）についてでございますが、それについても、これからゆっくりと考えていきたいと思っています」

と、ご婚約内定当時は、まだ具体的なご家庭のイメージをお持ちになっていませんでした。紀子さまは記者会見の前日に二十三歳になられたばかり。秋篠宮さまと語り合い、家族のあり方とは何かを考えつつ学んでいこうとされていたのでしょう。

その後、お二人の女の子に恵まれ、子育ての中で悩まれることもあったと思いますが、いつも笑顔を絶やさず、記者会見での「のんびりと明るく、和やかな家庭」を築こうとされている様子がうかがえました。

平成九年、佳子さまが二歳の時に開かれた、秋篠宮さまのお誕生日記者会見では、お嬢さま方の性格について、こう話されていました。

「上の子（眞子さま）は思っていることをわりとすぐ表現しますが、下の子（佳子さま）は頑固なところがありますね」

と、目を細めて、同じ女の子でも個性の違いがあることを楽しまれているご様子でした。

また紀子さまも、幼い頃の佳子さまについて、次のように話されています。

「娘の佳子はとても小さいときは静かな女の子で、でもよく周りを見て、自分の意志をしっかり持っていたように思います。小さいときから手を動かすこと、手芸や折り紙を作るのが大好きで、いろいろと出来たものを私のところに持ってきて見せてくれたことをよく覚えています」（平成二十六年、秋篠宮さまお誕生日に際しての記者会見より）

ご両親から見て、小さい頃から佳子さまは、おとなしいけれど自分の考えをきちんと持った女の子でいらっしゃったようです。そんな佳子さまを、秋篠宮ご夫妻はどのような教育方針のもと、お育てになったのでしょうか。

佳子さまは四歳の時、ご両親とともに千葉県の房総半島を旅行されました。眞子さまも四歳の時に、同じくご両親とこの地を旅していらっしゃいます。実は、天皇陛下、秋篠宮さま、黒田清子さんも四歳になると、ご両親と房総半島を旅行され、当時の東宮ご一家での恒例行事となっていました。

美智子さまは、まだ幼かった頃の天皇陛下の教育方針について、「静かに、すこやかに育てたいということです。一般となんら変わらない普通のものを身につけた上で、皇室にふさわしい特殊なものも自然と備わるようにしていきたいと思います」と答えられています。四歳の時に旅を体験することで、一般の人たちの生活に触れ、礼儀や常識、思いやりを身につけることを教えようとされていたのでしょう。

そうした美智子さまの子育てを秋篠宮ご夫妻も踏襲し、わが子に旅を通して、国民と同じ目線になることの大切さを示されたのではないでしょうか。悠仁さまも四歳の時、房総半島を訪れるご予定でしたが、東日本大震災のために延期となって一年遅れで実現しています。美智子さまの思いが、世代を超えて、秋篠宮さまのお子さまたちにも継承されていると言っても過言ではありません。

秋篠宮ご夫妻の子育てがうかがえるシーンを目撃した人がいます。岩手県大槌町にある「三陸花ホテルはまぎく」代表取締役の千代川茂さんです。佳子さまが小学二年生の時、秋篠宮さまが大槌町で行われた「自然と共生するまちづくりシンポジウム」に出席するため、ご家族でこのホテルに宿泊されました。

「私がホテルの玄関でお出迎えし、部屋にご案内している時でした。秋篠宮ご一家と一緒にやってきたお付きの女性が、『ご挨拶はしっかり！』と眞子さまと佳子さまに注意していたんです。皇室のお嬢さまというと、大切に育てられている箱入り娘のイメージがありますが、きちんと躾の行き届いたお嬢さまになるように、日常生活での礼儀作法に厳しくていらっしゃるのだと感じましたね」

眞子さまと佳子さまはホテルを訪れた際、「こんにちは」と元気に挨拶し、お帰りの際には「ありがとうございました」とはっきり声を出して、感謝の気持ちを示されたとか。普段からご教育が徹底している姿に、千代川さんは感心しました。

「お二人とも小学生の頃からしっかり教育を受けていらっしゃり、礼儀正しいお子さまでいらっしゃいました」

と、千代川さんは当時のご様子を振り返ります。翌年にも、秋篠宮ご一家は「三陸花ホテルはまぎく」に宿泊され、千代川さんによると、この時も眞子さまと佳子さまはきちんとご挨拶をされたそうです。将来皇族としてふさわしい立ち居振る舞いができるように、秋篠宮ご夫妻はお子さま方を厳しく育て、また眞子さまと佳子さまも言われたことをよくお聞きになっていたことが分かります。

平成十五年には、秋篠宮さまにタイのウボンラーチャタニー大学から名誉博士号が贈られることになり、タイ王室の招待を受け、ご家族でタイへ。眞子さまと佳子さまにとって、初めての海外旅行でした。

この年の記者会見で、秋篠宮さまはこんなことを話されています。

「外国に行って日本と違う文化に触れる、これは大変良いことだと思います。日本とは全く違う文化に触れ、そこで日本との違いというものを感じることができると思います。しかし、一方で同じアジアの国で日本と非常に似ている点、共通している点にも気が付くのではないか、そのことによって、更に日本の文化を理解する一つの契機になるのではないかと思いました」（平成十五年、秋篠宮さまお誕生日に際しての記者会見より）

お子さま方が普段目にすることのない異文化に触れ、今まで知らなかった世界を知ることで、多様な考えを持てる人に成長してほしいと思われたのでしょう。興味を持った分野は、好奇心の赴くままの行動をそっと見守り、何か疑問に思ったりした場合は、きちんと話し相手になって知識を授けてあげる。秋篠宮家ではそんな考えのもと、眞子さまと佳子さまをお育てになっていたようです。

佳子さまが成長される中でターニングポイントになったのは、小学六年生の時に、弟の悠仁さまがお生まれになったことではないでしょうか。幼い頃から弟か妹がほしいと望んでいた佳子さまにとって、大きな喜びだったに違いありません。紀子さまは出産のため入院中だった時の、佳子さまの様子をこのように語られています。

「佳子は、ほぼ毎日こちらを訪ね、私の傍らで学校の夏休みの宿題をしたり、留守にしていた家で私がいなかったときの家の様子や、スケートの練習について楽しそうに話してくれました」（平成十八年、秋篠宮さまお誕生日に際しての記者会見より）

佳子さまはお母さまと長く一緒にいられる時間が嬉しかったようで、足繁く病院に通い、傍で宿題に励んでいらっしゃいました。また、秋篠宮さまが夜に部屋を覗くと、佳子さまが生まれてくる赤ちゃんのために、フェルトを使って一生懸命にぬいぐるみを作っていらっしゃった時もあったとか。

悠仁さまが誕生された翌年の平成十九年、宮内庁職員組合文化祭に、秋篠宮家のお子さま三人は、姉妹弟による共作を出品されました。悠仁さまが赤坂御用地を散策中に集めたという松ぼっくりの隣には、眞子さまと佳子さまが手作りされた野ねずみのぬいぐるみ「ぐりとぐら」が。もしかしたら佳子さまは、このぬいぐるみを作っていらっしゃったのかもしれません。

悠仁さまのご誕生後は、公務に忙しいお母さまを手助けして、眞子さまとともに佳子さまも甲斐甲斐しくお世話をされました。そうしたご様子について紀子さまは「佳子は食事から遊びまで悠仁の世話をよくしてくれます」と記者会見で感謝を述べられています。

年の離れた弟の面倒を見て、お姉さまとしての役目を果たそうと努められる、佳子さま。思春期でもあった佳子さまの変化について、元宮内庁職員で、皇室ジャーナリストの山下晋司さんはこのように話します。

「佳子内親王殿下は学習院女子中等科の卒業式で眉毛を揃えておられて、この時から印象が変わられたと思います。それ以来、世間で可愛いと言われるようになり、やがて佳子さまフィーバーと呼ばれるほどの人気になっていきました」

子どもから大人への階段をのぼる佳子さまを、ちょうどこの頃、紀子さまも次のように話されています。

「娘たちが私には思いもつかない豊かな発想や新しい視点を教えてくれることもあり、時には親に厳しいことを言うこともあり、娘たちの若々しいエネルギーにふれつつ、一方では娘たちが私たちの体調を心配して優しい言葉をさりげなくかけてくれることも多くなり、そのような娘たちの様子を見て成長を感じます」（平成二十一年、秋篠宮さまお誕生日に際しての記者会見より）

ひとりの人間として、自分の考えを深め、自立心を持つようになった娘たちの姿を、紀子さまは頼もしく感じられたようです。

平成二十六年一月二日。この日、皇居で新年一般参賀が行われ、およそ八万人が訪れました。その人波の中に、佳子さまのお姿が。一般の人たちと同じように、荷物検査やボディーチェックを受けていらっしゃいました。

この時、佳子さまは十九歳。翌年からこの行事に出席するため、準備として下見に来られたのです。佳子さまはグレーのダウンジャケットにデニム姿で周囲に溶けこみ、気づかれることはありませんでした。

二十歳の誕生日を迎えた時、佳子さまは皇居・宮殿で成年の行事にのぞまれました。輝くティアラをつけた正装姿で微笑まれるそのたたずまいは、絵に描いたような美しいプリンセス。その美貌に、日本のみならず世界中から絶賛の声が殺到しました。

佳子さまは成年皇族になる日に向けて、ご自分の中でイメージを膨らませてこられたのでしょう。成年を迎えられるにあたっての初めての記者会見では、初々しくも落ち着いた様子で、このように話されました。

「高校生の頃は、成年というと随分大人のイメージがございましたが、いざ自分が成年を迎えるとなると、まだ未熟なところが多くあると感じております。また、成年を迎えるまでに関わってくださった方々に感謝の気持ちを持っております」

将来の夢についての質問では、「あくまでも夢ですので、自分の中で温めておきたいと思っております」と答え、結婚についての質問にも、「結婚につきましては、将来的にはしたいと思っておりますが、来年の春から、また再び大学生になりますし、現在は考えておりません。理想の男性像は、一緒にいて落ち着ける方がいいと思っております」と話されました。

また、ご自分の長所・短所については、「私の性格についてですが、長所は自分では余り思いつきません。短所は、父と同じように導火線が短いところがありまして、家の中ではささいなことで口論になってしまうこともございます」と、お父さまの秋篠宮さまに性格が似ていることに触れられました。

秋篠宮さまご自身も、この点について、次のように話されたことがあります。

「(佳子さまが)だんだん年齢が高くなるにつれて、これは誰でもそうなのでしょうけれども、いろいろと親と口論になる機会も多くなってきました。私とちょっと性格も似ているところがあるので余計そうなのかもしれないのですけれども。(中略)こちらもだんだん年を取ってきて、的を射たことを指摘してくれていることが意外と多いということが分かりました。ですから、これからも、娘に言われたことをある程度きちんと自分でも意識に留めておきたいなと思っております」(平成二十六年、秋篠宮さまお誕生日に際しての記者会見より)

大人になるにつれて、秋篠宮さまは娘の佳子さまに一目置くようになられたようです。

性格が似ているからこそ人一倍理解でき、時にお互いを慮《おもんぱか》って苦言を呈する、そんな父と娘の心通じ合う関係が築かれているようです。

佳子さまは大学での学業に勤《いそ》しみながら、一つひとつの公務に心を尽くして取り組んでこられました。平成三十一年、佳子さまはＩＣＵ（国際基督教大学）を卒業される時、姉・眞子さまについて次のように綴られました。

「姉が結婚に関する儀式を延期していることについてですが、私は、結婚においては当人の気持ちが重要であると考えています。ですので、姉の一個人としての希望がかなう形になってほしいと思っています」（平成三十一年、佳子さまのＩＣＵご卒業に際しての文書回答より）

仲の良い姉妹でいらっしゃる眞子さまと佳子さま。眞子さまのことを「何でも話すことのできる頼りになる存在」と佳子さまが記者会見で話されたこともありました。様々なメディアで眞子さまのご結婚問題について取り上げられている現状に対し、佳子さまはご自分の思いを明確に話されたのでした。

時代が平成から令和へと移り、秋篠宮さまは皇位継承順位第一位の皇嗣《こうし》になられました。「皇嗣の娘」というお立場になった佳子さまにも、何か変化が生じたのでしょうか。前出の皇室ジャーナリスト・山下さんはこう解説します。

「皇嗣になられたことで、秋篠宮家の規模は大きくなりましたが、佳子内親王殿下の毎日の生活はほとんど変わっておられないだろうと思います。警備やお付きの人数も多少増えた程度で、以前とほぼ同じでしょう。佳子内親王殿下の変化として一番にあげられるのは、お代替わりに伴って公務が増えたことです」

お代替わりによって、秋篠宮ご夫妻が担当してきた公務の一部を、眞子さまと佳子さまが引き継がれました。これまでに佳子さまが引き継がれた公務は、紀子さまが出席されてきた「産経児童出版文化賞」「聴覚障害児を育てたお母さんをたたえる会」「東京国際キルトフェスティバル」などがあります。

「現在のところ、佳子内親王殿下は進学や就職をされておらず、公務に専念しておられます。上皇上皇后両陛下は基本的に公務はされませんので、現在、皇室で公務を担われるのは天皇皇后両陛下やご高齢の方を含めて十四方しかいらっしゃいません。必然的に佳子内親王殿下の公務は増えていくでしょう」

と、山下さんは今後の佳子さまのご活躍に期待しています。そして佳子さまご自身も、令和の天皇皇后両陛下へのお気持ちを次のように話されています。

「両殿下は五月に天皇皇后両陛下になられます。私は大学を卒業し、皇族の一員としての活動が以前より多くなってまいりますので、そのような中で、少しでもお二方のお役に立つことができれば誠に嬉しく思います」（平成三十一年、佳子さまのＩＣＵご卒業に際しての文書回答より）

意欲的に公務に取り組まれる佳子さまの未来を、秋篠宮さまは父としてエールを送りながら見守っていらっしゃいます。

「私は結婚については娘たちの意思をできる限り尊重したいなと思っております。それから将来の活動については、将来というのはもうすぐ先も含めて将来になるわけでしょうが、これからも活動の幅が広がるかもしれませんけれども、今は頂いた仕事を一つ一つ真摯に務めていってくれればいいなと考えております」（平成二十八年、秋篠宮さまお誕生日に際しての記者会見より）

国民と苦楽を共にし、寄り添ってきた皇室。その姿勢を佳子さまもご家族とともに実践していらっしゃいます。

令和二年、秋篠宮ご一家は新型コロナウイルスの患者を受け入れている病院に、手作りされた医療用ガウン五百着を届けられました。きっかけは、秋篠宮ご夫妻と眞子さま、佳子さまが医療関係者からオンラインで説明を受け、医療用のガウンが不足し、職員がゴミ袋を加工して作っている実状を聞かれたことでした。

少しでも助けになればと、秋篠宮ご一家は宮内庁職員たちと力を合わせて、市販のポリ袋を切り両袖を養生テープで貼って医療用ガウンを手作りされ、合計五百着を寄付。心のこもったお言葉も添えられ、現場で働く医療従事者の大きな励ましとなったのです。

佳子さまはこれまで学んだことや培ってきた経験などを生かし、常に人びとのために何ができるかを考えながら、皇室の一員としての務めに力を注いでいかれることでしょう。

佳子さまを見つめてきた女性たち

――白滝富美子（皇室おっかけカメラマン）

石原裕子（ファッション評論家）

白滝富美子（しらたき　ふみこ）

昭和十五年、茨城県生まれ。皇室おっかけ歴二十七年。仕事をやりくりして活動を続けてきた。雅子さまより二歳年下の長女と、佳子さまと同じ年頃の孫娘がいる。皇室おっかけカメラマンたちの中でキャリアが最も長い大ベテラン。

石原裕子（いしはら　ゆうこ）

東京都生まれ。昭和女子大学英米文学科卒業。ファッション評論家。昭和五十四年よりパリのオートクチュール、ミラノ、ロンドン、ニューヨークのプレタポルテコレクションなど、世界各地でファッションの最先端を取材。多くのメディアで皇室の方々のファッション評論も行っている。「ファッションチェック」という言葉の発案者でもある。

皇室に親しみを感じ、好意的にとらえている多くの日本国民にとって、皇室の方々の日々の動静は気になるものです。常に国民に寄り添い、苦楽をともにされる天皇ご一家や上皇ご夫妻、そして秋篠宮ご一家の謙虚で献身的な振る舞いに敬意を抱かない人はいないでしょう。

実はそんな皇室の方々の行く先々に出没し、写真を撮影することを人生の生き甲斐としている人もいるのです。

その人は白滝富美子さん七十九歳（令和二年十一月現在）。いわゆる「皇室おっかけ主婦」としてテレビでも取り上げられたほど、筋金入りの皇室フリークです。

白滝さんが愛用するカメラはプロ仕様の、本格派の一眼レフ。交換レンズも合わせれば、かなりの重量となりますが、白滝さんは苦もなく肩にかついで皇室の方々の撮影に勤《いそ》しんでいます。

そもそも白滝さんが皇室のおっかけを始めたのは、雅子さまのご婚約内定が報じられた頃、雅子さまのご実家の前で取材陣に交じり、帰宅された瞬間をカメラにおさめたことがきっかけでした。

「最初はただの好奇心から始まったのですが、たまたま撮影できた雅子さまのお顔がとてもおきれいだったんです。私でもこんなに良い写真が撮れたと嬉しくなって、すっかりはまりこんでしまいましたね」

以来、皇族の方々を追いかけては、カメラを構える日々が始まりました。

白滝さんには佳子さまと同じ年頃の孫娘がおり、「畏れ多いことですが」と断りを入れつつも、どこかおばあちゃんの気持ちになってシャッターを押してしまうと言います。

初めて佳子さまの写真を撮ったのは、那須でご静養中の上皇ご夫妻（当時、天皇皇后両陛下）が出てこられるのを待っている間、秋篠宮ご一家が現れた時でした。その際、佳子さまもファインダーにおさめたそうですが、その写真はどこにあるのか、このたびは見つかりませんでした。

その後は、佳子さまが地方へ向かわれる際に、東京駅で「佳子さま！」と声をかけると、少しこちらを振り返ってくださったそうです。しかし、白滝さんがカメラを構えた前を、一般の人が多く通りかかり、撮影する隙間もないほどでした。何度かトライしたものの、なかなかうまくいかず、佳子さまはやがて改札の中へ。

白滝さんが本格的に佳子さまを撮影するようになったのは、成年皇族になられた平成二十六年からでした。なぜかと言うと、成年皇族になればお正月の一般参賀でお出ましになった時や、宮中での諸行事への出席のため皇居に入られることが多くなり、シャッターチャンスが大幅に増えるからだそうです。

白滝さんが言うには、佳子さまを乗せた車が皇居に入ろうと半蔵門の前で曲がる瞬間、スピードを落とすのでここが絶好のタイミング。半蔵門前の曲がり角に陣取り、カメラを構えて佳子さまを乗せた車がやってくると同時に、連射で撮影します。この一瞬にどれだけたくさんの写真を撮れるかが勝負と話します。

「とにかく夢中で連射して、どのような写真を撮れたかは後で確認するようにしています。佳子さまが車で皇居に出入りされる時は、後部座席の左側に眞子さま、右側に佳子さまが座っていらっしゃいます。うまいタイミングでシャッターを押さないと、眞子さまの陰に隠れてしまいます。どうにかしてお二人を画角の中におさめようとするのですが、とても大変なんです」

しかも、佳子さまは窓越しに手を振る人がいればそちらに会釈されるため、白滝さんがカメラを構える逆方向に顔を向けられる場合も少なくないとか。また、眞子さま佳子さまが皇居にいらっしゃる時は、一般車両を通行止めにすることもなく、信号も通常通りに動くため、ここぞという瞬間に一般車や通行人が手前に入りこむこともあって、眞子さま佳子さまの撮影は、実はかなり難しいと話します。

「両陛下が皇居に入られる場合、一般車両を止め、信号も両陛下を乗せた車が滞りなく走れるよう、すべて青に変えています。だから手前に一般の車が入りこむこともないので、スムーズに撮影できるのです」

それでも白滝さんは、ちょっと上目遣いで大きな目をクリクリさせている佳子さまのベストショットを撮りたくて、何百回もシャッターを押してきました。その中で気づいたことがあったとか。それは、白滝さんだからこそと言えるようなことです。

「佳子さまは成年皇族になられてから、公を意識されているのか、カメラに向かって頭を下げながら笑顔を見せてくださるようになりました。歯を見せて笑っている写真を撮ろうと狙うのですが、なかなか歯をお見せになりません。佳子さまが歯をお見せになっている満面の笑みの写真を撮りたくて、願うような気持ちでシャッターを切っていました」

白滝さんが撮影した紀子さまや眞子さまの写真も、いつも口を閉じていらっしゃるとか。お母さまの紀子さまが歯を見せずに口角を上げて笑顔を見せられるので、佳子さまもそれに倣っているのかもしれない、と白滝さんは話します。

同じ皇室の方でも、雅子さまは歯を見せた笑顔をされますが、白滝さんは「口を閉じて微笑むのは、秋篠宮家のスタイルなのかもしれませんね」と分析します。

そして、なんとか佳子さまが歯をお見せになって笑っている写真を撮ろうと、おっかけを続けていた白滝さんに好機が到来します。

平成二十七年一月十四日、歌会始の儀に出席するため、佳子さまが車に乗って皇居へ入られる瞬間を狙い、白滝さんは早朝から半蔵門側の歩道最前列で待機しました。やがて佳子さまの車が現れ、皇居のほうに曲がりかけた頃合いを見定め、「佳子さまー!」と周囲の人たちが驚くほど大きな声をかけました。佳子さまが白滝さんのほうを向いてくださったことは確認したものの、あとはこの一瞬を逃すまいと夢中で連射したのです。

後で確認したところ、白滝さんのカメラに気づいた佳子さまが、こちらに向かって笑顔でお辞儀をされ、車の窓枠に重なってしまっていました。

しかし、これであきらめるわけにはいきません。

「お声がけをさせていただいたことで、佳子さまは、私のことをいつもいるおばさんだと知ってくださったのではないかと思いました。良い写真を撮るには、おこがましいようですが、一方通行でも顔見知りになっていただくことが大切なんです」

歌会始の儀からちょうど二週間後の一月二十八日、佳子さまが「第四十六回現代女流書百人展」をご覧になるため、髙島屋日本橋店を訪れました。

事前に佳子さまのお出ましが告知されていたので、この時も白滝さんは日本橋店の許可されたエリアに陣取り、待っていました。すると車から降りた佳子さまが、白滝さんに気づかれたのかカメラに向かって会釈され、同時ににっこりと歯を見せて微笑む、初々しい表情を撮影することができたのです。

さらに令和元年十二月二十九日、お誕生日を迎えられた佳子さまが、上皇ご夫妻にご挨拶をするため皇居を訪れた時には、車内の佳子さまの自然な笑顔をカメラにおさめることができたと話します。

「この時、隣に悠仁さまが乗っていらしたこともあってか、佳子さまはニコニコしていらっしゃいました。悠仁さまがよほどお可愛いのでしょうね。お姉さまとしての優しい笑顔

平成27年、歌会始の儀に出席するため、車で皇居に入られる佳子さま。満面の笑みを撮影できたが、車の窓枠に重なる。（撮影=白滝富美子）

でした。これぞという写真が撮れた時の喜びは、何にも代えがたいものです」

これまでに皇室の方々を撮影した写真の枚数は何十万枚にものぼり、正確な枚数は分からないとか。お代替わりだった平成三十一年から令和元年にかけては、皇室の行事が多かったため、カメラを持ってあっちこっちに出かけていたと話します。

「皇室の方々のおっかけをしている人たちは、私以外にもたくさんいます。場所によって集まる人数は違いますが、皇室の方々が地方に行く時には、出発される東京駅に十人くらいが来ますね。でも、皇居内で行事がある場合、半蔵門の前にいるのは、実は私くらいなんです。他の人は赤坂御用地の門の前で待機しているようです」

佳子さまだけを撮影する若い男性ファンもいるとか。彼らは佳子さまファンというだけで、見学の人たちをかき分けて撮影場所を強引に確保するなど、ルールを無視するようなことはないと言います。

そんな若い佳子さまのファンの男の子たちから、白滝さんは撮影ポイントなどを聞かれることがあるとか。

「佳子さまが手話狂言を鑑賞されるという情報を得て、東京・渋谷区の国立能楽堂に向かった時でした。私のようにカメラ片手のおっかけファンは、他に若い男性が二人だけ。私は国立能楽堂に何回か来たことがあるので、どこでカメラを構えていればうまく撮れるかを把握していました」

しかし、男性ファンはどのポジションが良いのか分からず、浮かない顔をしていたと話します。

「皇室の方々が劇場などを訪れた際は、来る時は表から入っても、帰りは裏から出ることもあれば、不意を突いて表から出ることもあります。そこで男の子たちに『劇場の人にそれとなくどちらから出てくるのか聞いてごらん』とアドバイスしたんですね。彼らは恐る恐る聞いて、得た情報を私も教えてもらい、一緒に、出口のベストポジションで待ち構えたところ、見事に良い写真が撮れました」

朝早くからずっと並んで立っている、皇室おっかけは肉体的にもハード。しかし、会心の一枚が撮れると、一気に疲れが吹き飛ぶと言います。

「もし皇室のおっかけをしていなかったら、家と職場を行き来するだけの単調な生活だったと思います。皇室のおっかけは、生き甲斐。皇室の方々から元気とパワーをいただいています」

いつもファインダー越しに佳子さまを見つめてきた白滝さん曰く、

「佳子さまはやっぱり素敵なんですよね。普通の女の子だと当たり前の行動なのに、プライベートを週刊誌に書きたてられて、気の毒に感じます。素朴さの中に華があって、被写体としての佳子さまはいつも可愛くて、こんなおばあちゃんにとってもため息が出るほどなんですよ」

白滝さんのおっかけ人生では、佳子さまのこれからのご成長も追い続けることでしょう。

そしてもうひとり、佳子さまがお召しになるファッションを見つめ続けてきた人がいます。

ファッション評論家として活躍する石原裕子さんは、佳子さまのお召し物を通して、心のご成長ぶりや美意識の変遷を知ることができると話します。

「小さい頃の佳子さまは、いつもお姉さまの眞子さまとお揃いの洋服を着ていらっしゃいました。ワンピースやタータンチェックのスカートにカーディガンなどオーソドックスなお嬢さまルックでしたが、まだ自我が芽生える前なので、お母さまが選んだものをそのままお召しになっていたのでしょうね」

しかし、小学生から中学生に成長されるにつれ、自我の芽生えとともに、お顔が引き締まってきたと言います。小学三年生の時、秋篠宮さまがご一家でタイへ旅行した時には、姉妹で同じコバルトブルーのワンピースをお召しになっていましたが、よく見るとお二人それぞれにデザインが違っていると、石原さんは指摘します。

「眞子さまは胸元に太いラインの切り替えがあるやや大人びたデザインで、佳子さまは可愛らしい小さなリボンを二つもつけていらっしゃいました。おそらく佳子さまご自身が可愛らしいリボンを気に入って、お召しになりたいという思いを紀子さまに伝えたのではないでしょうか。それまでは姉妹でほとんどお揃いでしたから、この変化は注目の出来事でしたね」

またある時は、姉妹ともにワンピースでしたが、眞子さまはブルー、佳子さまはピンク。お二人ともワンピースという典型的なお嬢さまファッションなのに、それぞれお召しになりたい色が違っていました。

女の子は成長するにつれ、ファッションに対する意識が芽生え、自分をこう見せたい、こんなスタイルがかっこいいと思うものです。そうしたファッションに対する自我の意識は、眞子さま佳子さま姉妹の間の、好みの差異を少しずつ大きくしていきました。

石原さんがはっきりと佳子さまのファッションへのこだわりを知ったのは、小学校の高学年になられ、ご家族お揃いでのお出かけで公開された写真だったと言います。

「紀子さまや眞子さまはモノトーン系のスラックスやコートをお召しになっていましたが、佳子さまはまっ白なダウンコートにベージュのミニスカート、こげ茶色のアンクルブーツを合わせていらっしゃいました。佳子さまの生き生きしたところがこの装いに出ていて、ファッションに目覚められたことが強く伝わってきました」

白いダウンコートは汚れやすいので素敵だなと思っても、選ぶことに躊躇《ちゅうちょ》することも多いのに、迷わずお召しになっているところに、お洒落への興味が高まっていることが分かるとか。

悠仁さまご誕生後の家族写真では、佳子さまは典型的なお嬢さまルックの、ピンクのワンピース姿。佳子さまはＴＰＯを意識して、ご家族の記念写真を写す公の場と、ご自分のお好きなものをお召しになるプライベートの場を、明確に切り替えておられました。

さらに石原さんは、中学・高校・大学と年代を重ねるにつれ、佳子さまは新しい感覚を取り入れ、アクティブにご自分を表現なさるタイプであることが、顕著に表れてきたと話します。

その一例としてあげたのが、平成二十五年の悠仁さまのお誕生日に公開された写真でした。

「佳子さまがお履きになっていたスニーカーは、イギリスの『アドミラル』というスポーツブランドと、日本のファッションブランド『ダブルネーム』がコラボした限定品で、ネイビー地に星柄をあしらい、赤い靴ひもがアクセントになったお洒落なスニーカーでした。佳子さまが自ら、新宿の『ルミネエスト』に入っているショップに足を運び、このスニーカーを購入されたと多数のメディアで報じられていましたが、このハイカットのスニーカーは流行の先端を敏感にとらえて、センスも抜群だと思いましたね」

しかし、同時期、タンクトップをお召しになった私服写真が週刊誌などに掲載されると、ネットでは「かわいい！」と話題になった一方、皇族としてのお立場をわきまえた服装をされるべきだという、厳しい世論も報じられました。

こうした佳子さまのファッションセンスは、女性として許される個性のアピールの範囲だと石原さんは話します。

「佳子さまはエネルギッシュな方なので、きれいに見せるだけでなく、ご自身の個性も上手に表現されています。佳子さまはダンスがお好きでいらっしゃり、肌を出して踊るのはダンサーにとってはむしろ必要です。佳子さまはダンスが持つセクシーな魅力にも惹かれたのではないでしょうか」

普通の女の子としてのプライベートファッションにも、何かと注目が集まる佳子さま。その優れたファッションセンスを、公務の装いにおいても上手に発揮されています。

「佳子さまは公務とプライベートで切り替えがはっきりとしていて、それがファッションからも分かります。公務での装いはノーブルで清楚な気品にあふれていて、『皇族としての佳子さま』を、見事に自己プロデュースされています」

石原さんは、公務の時に佳子さまのお召し物で多い色は、水色、ピンク、白だと分析し、女性としての清潔感を第一に考えておられると話します。

「そもそも皇室は祈ることを務めとされているので、公の場で白または白に準ずる色を身にまとわれることが多いと思います。きっと佳子さまは、公務に出る時、『皇室としての色』をお選びになっているのでしょう」

確かに、佳子さまが初めての単独での地方公務で山口県を訪れた時には、水色のアンサンブルスーツをお召しになり、素材は光沢のあるものを選んでいらっしゃいました。

「人びとの中に入って行く時は、柔らかくて光を集めるような色をお召しになったほうが周りになじむので、佳子さまはこの色と素材をチョイスされたのだと思います」

もちろんお召し物をどのようにされるのか、アドバイスされるお付きの人もおられるでしょうが、最終的な判断は佳子さまご自身で行われているはず。その点、装いの違いひとつで印象ががらりと変わってしまうことをよくご存じなのではないかと、石原さんは推測します。

「特に地方では皇室の方々が訪れた際、到着した駅の前や訪問先などに大勢の人びとが集まります。それは、皇室の方々を間近で拝見できるのは、もう二度とないかもしれないという思いが強いからなのでしょう。佳子さまはそうした人びとの思いを汲んで、一期一会の出会いを大切にしよう、かけがえのないものにしようと、多くの人の記憶に残るように控えめながら個性を印象づけるような装いを意識されていると感じます」

佳子さまのスーツのデザイン自体はオーソドックスで、スカートは膝丈。バッグはどこのブランドなのか分からないものをあえて選ばれているとか。

石原さんによれば、オーソドックスなデザインのスーツを着るのは、皇室の女性が公務にお出ましになる時の特徴だと言います。

ロイヤルファミリーの装いの代表例として、石原さんはイギリスのエリザベス女王をあげてこう話してくれました。

「エリザベス女王を見れば分かるのですが、お洋服の形はいつもワンピースに同じ生地のジャケットを合わせたアンサンブルで伝統的なスタイルです。それでいて色はカラフルで目立つものを選び、人びとの中にいても常にぐっと大きな存在感があります。揺るぎない定番スタイルを守りながら、色で勝負し、女王の風格をお見せになるんです」

皇室の方々が国民の前にお出ましになる一般参賀では、皇室の女性たちの装いは襟の高いローブモンタントに、胸元にはパールをつけるのが定番。皇室の気品を損なうことなく、皇族としてのご立派な姿を見せることが求められます。

石原さんは、この時の佳子さまの装いに、研究熱心さとこだわりが表れていると話します。

「佳子さまは襟元に沿うように、パールのネックレスをつけていらっしゃいます。ぴったりした長さにするために、パールのネックレスにサイズ直しをしている可能性がありますね。一般的にパールのネックレスは、洋服の上に少し垂れることが多いのですが、ご自分の感覚で、きちんと襟に沿ったものをおつけになりたいという希望がおありだったのでしょう」

かつてハリウッド女優の間で、ちょうど襟ぐりの線に合わせたパールのネックレスをすることが流行しました。もしかしたら佳子さまは、ファッション雑誌などでご覧になっていたのかもしれません。「モナコ公室に嫁いだグレース・ケリーや女優のオードリー・ヘップバーンのファッションをヒントになさったりして、パールのネックレスはこのサイズが良いというこだわりをお持ちなのだと思います」

秋篠宮家の女性の方々のファッションは、「皇室はこうあるべき」というスタイルで、正統的で目立たないよう配慮されているとか。しかし、紀子さまと眞子さまが無難なセミタイトのスカートの時も、佳子さまだけは可愛らしさのある膨らんだギャザースカートなどデザインに凝ったものをお召しになって、少しだけ自分らしさを加えていることが多いと石原さんは話します。

「紀子さまと眞子さまはお二人とも十分袖ですが、佳子さまだけは七部袖になさるとか、色のトーンは三人で揃えても、佳子さまだけは少しだけ違うデザインのことが多いんです。周りに合わせながらも、自分らしさをちゃんと出して自己主張をなさる。そういうところが、若い人たちにも共感を呼び、ファッショナブルで素敵な方という印象になったのではないでしょうか」

ファッションへのこだわりを持たれる佳子さまは、ＩＣＵ入学の際にはキャンパスで記念撮影に応じられました。この時の装いも、石原さんの記憶に強く残っています。

「一番印象的だったのは、ＩＣＵに入学された時の装いです。その二年前、学習院大学に入学された時も、佳子さまはまったく同じスーツをお召しになっていたのに、髪形などで印象がかなり違っていました。学習院に入学された時は、ストレートな髪で素顔の素朴な感じでしたが、ＩＣＵに入学された時は、朝シャンをして巻き髪。キャンパスにこんなに素敵なお姫さまがいたら、世界中の人たちが驚嘆するに違いない透明感のある美しさで、抑えていてもにじみ出る華やかさがありましたね」

平成二十八年、秋篠宮ご一家でベルギー国王夫妻主催の答礼コンサートに出席された時の装いは着物でしたが、紀子さまはクリーム色、眞子さまは水色、佳子さまはピンクと、それぞれ違う色をお選びになりました。秋篠宮家の女性三人は、身長などがほとんど同じなので、色とりどりのきれいな着物をお召しになって並んでいると、まるで鮮やかな花が咲いたようでした。

「ベルギー国王夫妻という海外の賓客に招かれたコンサートとあって、お三人は着物姿を通して、日本文化の美しさを伝えたいと思われたのではないでしょうか。もしかしたら、佳子さまのご提案だったのかもしれませんね」

と、石原さんは楽しそうに話します。

平成三十年には、秋篠宮ご一家で「インドネシア日本国交樹立六十周年記念コンサート」を鑑賞した際、眞子さまと佳子さまお二人とも、花柄のワンピースに紺のブレザーを合わせていらっしゃいました。

「これはきっと佳子さまのアイデアだと思います。冒険心もあって眞子さまも賛同して、お二人で同じコーディネートをされたのではないでしょうか。お洒落に積極的な佳子さまの楽しい影響を受けられて、眞子さまもファッションの見せ方が少しずつ変わってこられたように思います」

最近では、眞子さまは華やかな花柄のワンピースをお召しになっています。お母さまの紀子さまも同様に影響を受けたのか、令和元年にポーランドを訪問された時には、大ぶりなバラの花柄のワンピースをお召しになっていました。こうした洋服を紀子さまが選ばれることは珍しく、現地の人々からも「華やか」「素敵」と声があがっていたそうです。

佳子さまのファッションに対してのお考えは、とても洗練されていて積極的で大胆ではあるものの、決して無理はしないという特徴があると、石原さんは分析します。

「佳子さまは、周囲から何を望まれているのかを理解し、セルフプロデュースがおできになります。それを佳子さまはスマートになさっており、天性のものではないかと思いますね。その代表的な例が、佳子さまが二十五歳の記念すべきお誕生日の節目に出された映像です。とても新鮮で、ハッとさせるほどのインパクトがありました」

この時のファッションには、石原さん曰く、「佳子さまの主張が表れている」とか。コバルトブルーの短めのダッフルコートをジャケットとして着て、ウールのワイドパンツを合わせた装いは、二十五歳となった佳子さまの心模様を表していると、石原さんは話します。

「ファッションのどこを取っても今の新しい感覚です。皇室の女性が二十五歳のお誕生日にお召しになる装いというと、かっちりとした格好を思い浮かべるものですが、あえてカジュアルなフード付きダッフルコートをお選びになりました。この意外性が佳子さまの魅力です」

ダッフルコートは、御用地の色づいた木々をバックに映える、コバルトブルーをチョイスし、佳子さまの感性の良さを感じさせます。いくつになっても自然体でいたいという佳子さまのお考えが、このファッションから伝わってくるようです。

「ご自身のお誕生日なので、公務でお召しになる時のような抑えたものである必要がなく、ご自分の二十五歳を見せたいという思いで、選ばれたのではないでしょうか」

また、石原さんが注目するのは、成年を迎える時の記者会見です。カジュアルな前述のファッションとは違い、やや黄色がかったクリーム色の、きっちりとしたテイラードスーツをお召しになってのぞまれました。ここでも「公の場」と「プライベート」を切り替え、佳子さまなりのＴＰＯを実践されていたのです。

お洒落な佳子さまのファッションから、今後どのようなことが分かるのでしょうか。石原さんはこう推測します。

「これから先の人生も、佳子さまは常にお洒落で、きっと日本の女性たちのファッションリーダーとなられるでしょう。また、恋をなさったり、あるいは結婚が近づいたりした時は、おそらくファッションにもその影響が表れるものと思います。色合いが情熱的なものになったり、あるいはがらりと地味なものに変わったりするかもしれませんね」

佳子さまのファッションを見れば、その時々の佳子さまの心境も分かると、石原さんは言います。これからも佳子さまの素敵な装いに注目です。

夢と希望の学園生活

――竹本理花（仮名）（国際基督教大学卒業生）

中原康太（仮名）（リーズ大学大学院修了生）

竹本理花（たけもと　りか）＊仮名

ＩＣＵの同窓生。佳子さまと同じ学内のダンスサークル「ストリートダンスサークル」に所属し、日夜練習に励んでいた。

中原康太（なかはら　こうた）＊仮名

宮城県生まれ。地元の大学を卒業後、イギリスのリーズ大学大学院に留学し、修士課程を修了。現在は外資系企業に勤務している。

皇族の方々が進学される学習院は、今でこそ私立の学校法人として一般の人びとも入学していますが、その起源は明治天皇の父である孝明天皇の時代、公家の教育機関として京都御所の東側に学問所が設置された、約百七十年前にさかのぼります。

その後、明治十年には、華族の子弟教育のための学校「学習院」（旧制学習院）として、神田錦町に改めて開校し、現在の学習院はこの時を創立としているそうです。

大正十五年に公布された皇族就学令では、第二条に「皇族男女ハ（中略）学習院又ハ女子学習院ニ於テ就学セシム」と明文化され、皇族のお子さまたちは、学習院に進学することが義務づけられていたのです。学習院以外の学校に通いたい場合は、「特別ノ事由」か、天皇の許しである「勅許」が必要とされました。

この制度は昭和二十二年の新憲法施行に伴って廃止され、学習院進学を義務とする法的な根拠は失われてしまいました。

それでも皇族方の間では、学習院に進学することが当然のように受け継がれてきました。こうした慣習を初めて打ち破ったのは、高円宮《たかまどのみや》家の長女・承子《つぐこ》さまでした。承子さまは、イギリスのエディンバラ大学へ入学するため、平成十七年に学習院女子大学を中退。帰国後に早稲田大学へ入学し、卒業されました。高円宮家の三女・絢子《あやこ》さまは、福祉について学びたいと考え、福祉に関わる学部が学習院大学になかったことから、平成二十一年、城西国際大学に入学されています。

また、秋篠宮家の長女・眞子さまも学習院女子高等科から国際基督教大学（ＩＣＵ）に進学され、佳子さまの進学に際して少なからず影響を与えたであろうと考えられます。

こうして皇族方の、学習院以外の学校へのご進学は、今ではそれほど意外な選択ではなくなっています。秋篠宮家の長男・悠仁さまも、お茶の水女子大学附属幼稚園から内部進学し、令和二年現在、お茶の水女子大学附属中学校に通われています。

佳子さまは幼稚園から学習院に通われ、高校・大学と進み、誰もがそのまま卒業されるものと思っていました。しかし、佳子さまの心には大きな夢が抱かれており、それが進路の変更へと繋がっていったのです。

ＪＲ中央線三鷹駅からバスに乗り、約二十分。「ＩＣＵ」と刈りこまれた植栽文字のある正門を入り、通称「滑走路」と呼ばれる六百メートルほどの長い直線道路を進むと、終点のバス停がある中央ロータリーに到着します。

この道の両側には桜並木（ソメイヨシノ）が続き、満開になる春には、あたかも桜の花びら舞う薄桃色のトンネルとなることから、周辺では名所としても知られています。

そう、ここは佳子さまが通われた国際基督教大学（International Christian University）の広大なキャンパス。その広さは東京ドームが十三個も入ってしまうほどの大きさです。

周囲には武蔵野の雑木林が生い茂り、キャンパスの中には校舎や研究施設の他に、学生寮や教職員住宅も点在しています。構内はあまりにも広く、各施設が互いに離れていて移動に時間がかかることから、自転車で移動する学生も少なくないそうです。

都心の喧噪から遠く離れた自然環境豊かな国際基督教大学に、佳子さまが入学されたのは、平成二十七年。四月二日に行われた入学式では「秋篠宮佳子」と呼ばれ、元気に「はい」と言って立ち上がられました。その前に、キャンパス内で催された記念撮影では、入学にあたっての抱負をこう答えられたのです。

「新しい学生生活を始められることに感謝しつつ、有意義に過ごしていきたいと思います」

そしてICUの印象を尋ねられた際には……。

「緑が多くて、とてもきれいなキャンパスだと思いました」

紺のスーツに、白いブラウスをお召しになった佳子さまは、どこか晴れ晴れとされ、満面の笑みをたたえ、一言ずつ、言葉を噛み締めながらお話しされていたのが印象的でした。

佳子さまは、この前年の八月、約一年半にわたって通われた、学習院大学を自らの意思で退学し、姉の眞子さまが卒業されたICUのアーツ・サイエンス学科に、改めて入学されたのです。

せっかく一年半も通って二年生になっていたにもかかわらず、自主退学を決断された背景には、ご両親の佳子さまを思う、深いご理解があったようです。

平成二十六年、秋篠宮さまはお誕生日に際しての記者会見で次のように述べられています。

「次女が大学を中退して、また、新たに受験をして、国際基督教大学に入学するということを決めたわけですけれども、私自身かなり直前までどこの大学に行きたいということをはっきりとは聞いていなかったんですね。ただ、高校三年のときに受験をして、第一志望だったところに入れなくて、そのまま内部進学をして、しばらくいたわけですけれども、当初からまたもう一度環境を変えて勉強したいからということを申しておりましたので、私はごく自然な流れだったのかなと受け止めました」

そして紀子さまは……。

「次女の佳子は、中学校・高校にいるときから、今までとは違う新たな環境の中で学びたい気持ちを持っていたように思います。大学に入学した後も、日々、専門分野の勉学に励み、また、お友達にも恵まれ、共に過ごしておりましたが、一方で、自分が考えていたことに向かって進みたいという思いが強くなって、（中略）一歩をふみ出したと思っております。娘に対してのアドバイスですが、（中略）娘がしっかりと考えた上での判断であるならば、目標に向かって努力するようにと話しました。そして、このように学校で学び、知識や経験を深めることができるような環境は、非常に恵まれていることを心得ておくように伝えました」

秋篠宮ご夫妻の、佳子さまに寄せる温かなお気持ちが伝わってきます。

佳子さまもまた、その思いを、入学に先立つ平成二十六年十二月の、ご成年をお迎えになる記者会見で明らかにされました。

「国際基督教大学、ＩＣＵと呼ばせていただきますが、ＩＣＵを受験した理由は、ＩＣＵの教育が魅力的であると感じたからです。私は昨年の春に大学生になってから、公的な活動に参加させていただく機会が増えました。このような中で、英語でコミュニケーションを取れることや、幅広く様々なことを知っていることが大切であると感じるようになりました。このような点で、充実した英語教育や専攻を決めずに幅広く学ぶことのできるリベラルアーツ教育を実施しているＩＣＵで学びたいと考えるようになりました。ＩＣＵでの学生生活ですが、学業に励みながら楽しく充実した学生生活を送りたいと思っております」

そして学習院大学を中退された事情も、丁寧に説明されたのです。

「学習院大学を退学した理由ですが、私は幼稚園から高校まで学習院に通っており、限られた一つの環境しか経験できていないと感じることが多くございました。そのため、中学の頃から別の大学に行きたいと考えるようになり、受験いたしましたが不合格となったため、内部進学で学習院に進学いたしました。入学したからにはきちんと卒業するべきだという考えもございましたが、学生生活を送る中でやはり別の環境で学びたいという思いがあったことと、先ほどお話しいたしましたように、ＩＣＵで学びたいという思いがあり、退学いたしました。（中略）私個人の問題であって学習院大学が悪いということではございません。長い間お世話になった学習院の方々に深く感謝しております。進路につきましては、ある程度自分の中で考えてから、両親と姉に報告いたしました。三人とも賛成してくれ、『頑張るように』と言われました」

佳子さまは学習院での生活が、「限られた一つの環境しか経験できていない」と感じ、環境を変えるためにＩＣＵへの進学を決意したと語られました。その言葉からは、広い視野を持って世の中の実像に触れたいとする、佳子さまの真摯な好奇心を感じることができます。また市井の人びとと自由に交流することは難しい、宮家の内親王というお立場から、せめて学生時代だけは、同世代の様々な境遇、価値観、多様な将来の夢に触れたいと願っておられたのではないでしょうか。

果たして佳子さまのＩＣＵでの学生生活は、どのようなものだったのか、その一端を知る同世代のＩＣＵ出身の女性、竹本理花さんに取材しました。

佳子さまが、学習院を中退してまで入りたかったＩＣＵの校風について、竹本さんはこう話してくれました。

「ＩＣＵは、日本の一般的な大学とはだいぶ違います。教育理念としてグローバルネットワークや多様性を大事にしているので、教授も海外のネイティブスピーカーが多いですね。ＩＣＵハイスクール（国際基督教大学高等学校）という、帰国子女が多く通う高校があるのですが、そこからあがってくる人もいますし、海外からの留学生もたくさん受け入れているので、キャンパス内でのコミュニケーションは常に英語と日本語、それが同じくらいの割合でなされていました。構内の表示も、英語と日本語の両方で書かれています」

ＩＣＵのキャンパスは、日本の中に忽然と現れた海外といった雰囲気なのでしょうか。多様な国籍や人種の学生が闊歩し、通称「バカ山」と呼ばれる、こんもりとした小さな丘と芝生のエリアでは、学生たちが寝そべっておしゃべりをしたり、読書をしたり、思い思いに過ごしていたそうです。

特筆すべきは、一人ひとりの個性を受け入れ、多様性を尊重する文化があり、みんな違っていて良いという校風が、独特のリベラルな雰囲気を作っていたとか。

竹本さんは、自由でありながらお互いに尊重しあい、敬意を持って交流することが学生の間の共通認識であり、それこそがＩＣＵの美点であったと話します。

「血筋は日本人であっても海外で育った人や留学生が多く、枠にとらわれず、考え方は皆、様々です。自分はこんなことをやりたいとか、私はこういう人だからという確固たる考えを持っています。それぞれにいろんなことに取り組んでいて、サークル活動に打ちこむ子もいれば、学外で政治的な活動に力を入れている子もいて、ジェンダーに関してもリベラルな人が多いように思います。社会的マイノリティに関してもきちんとした意見を持っている人が多く、ひとつの個性としてとらえる共通認識がありました」

佳子さまが話された「ICUの教育が魅力的であると感じた」のは、まさに竹本さんの言う、型にはまらない個性を受け入れるところにあったのではないでしょうか。また英語教育において、佳子さまがお考えになっていた「英語でコミュニケーションを取れる」ことでも、ICUは最適な環境でした。

竹本さんの話によれば、ICUの一年生はELA（English for Liberal Arts Program）の授業を必修科目として受けなければなりません。ELAとは、英語で論文を書いたり、英語でアカデミックなプレゼンを行ったりする授業で、いわば英語漬けの毎日を過ごさざるを得ず、一年生にしてかなりハイレベルな英語力が身につくそうです。

竹本さんもELAでは、かなり鍛えられたとか。

「ＩＣＵの一年次における学びの思い出は、とにもかくにもＥＬＡでした。毎日たくさんの英語論文が課題として出されます。著者の見解に関して二十名ほどのクラスメンバーとディスカッションを重ね、自分はそれについて『何を根拠にどのような意見を持つのか』を徹底的に考え、アウトプットする、その繰り返しでした。また、卒業論文は日本語と英語、どちらで書いてもいいのですが、日本語で書いた人は英語で要約をつけ、英語で書いた人は日本語で要約をつけます。ＥＬＡを通してアカデミックな英語の基礎力が育まれたかなと感じています」

ＩＣＵはキャンパス内がひとつの街のようになっており、学生寮に住んでいる学生も多く、教職員住宅では広いリビングがあって、気軽に学生たちを招いての読書会やバーベキューパーティなどが行われていたそうです。佳子さまもきっと担当教授のお宅に招かれて、楽しいひとときを過ごされていたことでしょう。

さらに、学生の気質について竹本さんは……。

「一般的に、日本においては、学びに対して意志を持って大学に進学する人が少ないように感じます。海外では学びはもっと主体的なもの。ＩＣＵの学生は、自分が何を好きなのか、何を学びたいのかを常に考えている人が多かったですね。学びに対して貪欲で、勉強を楽しんでいる学生が多いように思います」

学ぶことを喜びととらえ、知ることへの好奇心が旺盛なＩＣＵ生の姿勢は、佳子さまの学習意欲をおおいに刺激したことでしょう。

まさに求めれば好きなだけ学べる学習環境がＩＣＵにはありました。ところが佳子さまが入学されるとの報道は、竹本さんたち在校生の間では、それほど話題にならなかったそうです。

「ＩＣＵの学生たちは、『そうなんだ』という感じで、別段盛り上がることもありませんでした。むしろ、ＩＣＵ以外の大学の友人から、『佳子さまが入学するんだよね？』と言われることのほうが多かったですね」

学生たちのサークル活動も活発で、なんと佳子さまは竹本さんが所属していたダンスサークル、「ストリートダンスサークル」に入られました。竹本さんが佳子さまと初めて会ったのは、ダンスの練習をしている時でした。

「今度入って来た新入部員として、佳子さまが紹介されました。びっくりしましたね。ダンスがお好きだと聞いてはいましたが、まさか同じサークルでご一緒できるとは思ってもみませんでした。その時の佳子さまは、ちょっとはにかんで挨拶されていましたが、柔らかで優しい方という印象を受けました」

「ストリートダンスサークル」はICUでも有名なサークルのひとつで、メンバーは全部で二百人を超える大所帯だったことから、練習はストリートダンスのジャンルごとに細分化されていました。

ひと口にストリートダンスと言っても、たくさんのジャンルがあり、七〇年代にアメリカで生まれた「ヒップホップ」、頭で回転するヘッドスピンなどアクロバティックな大技が多い「ブレイクダンス」、マイケル・ジャクソンの『スリラー』などで世界中に広まった不思議な動きを見せる「ポッピン」、激しい動きから突然止めてポーズをとる「ロッキン」、バレエダンスの動きをベースに女性的な動きをするストリート系の「ジャズダンス」など、多岐にわたります。その中でも佳子さまは、女性的な動きをするジャズダンスのチームに入り、熱心に練習されていたそうです。

一方、竹本さんは佳子さまとは異なるジャンルのチームに属していたため、一緒に練習したことはありませんでした。

日頃の練習の成果を発表するのは、「ストリートダンスサークル」のメインイベントである春の公演、そして最も盛り上がる秋の学園祭。その他にも学外のイベントスペースを借りて、サークルが独自に主催するダンスイベントが、年に二回ほどありました。

そのすべての公演は、サークルのメンバーで運営されていたそうです。

「サークルのメンバーの中から振付師を選出し、どんな作品をやるかを考えて、作品ごとにメンバーを募っていました。だからもちろん、振付師も学生です。振付師が今度はこの作品をやりますとサークルのメンバーたちに告知し、出たい人はサインナップしてくださいと募る仕組みでした」

と、ここまで聞けば、とても楽しく充実したサークル活動のように思えますが、竹本さんによれば、練習はとてもハードだったとか。

木曜日を除く月火水金土の週五日が練習日。大学の授業が終わると、夜七時から練習がスタートし、二時間たっぷり汗を流して夜九時半頃に終わるものの、その後もみんなが残って遅い時間まで自主練習に励んでいたと言います。

この練習以外にも、メンバーの中から選ばれた振付師は、あらかじめメンバーそれぞれの授業の空き時間を把握しており、その時間に個別にやってきて、短時間でのレッスンで指導します。もちろん佳子さまも同様でした。

まさに超体育会系アスリートサークル。毎日練習が終わると、疲れてクタクタになり、みんなで飲みに行くことなど皆無に近かったとか。

竹本さんは苦笑しながら、こう語ってくれました。

「練習が終わると、疲れ果ててお腹がペコペコになるので、とにかく空腹を満たそうとコンビニでご飯を買って食べていました。お酒よりご飯という毎日でしたから、飲み会は全然なかったです」

サークルのメンバーたちは、日頃から筋トレやダンスの基礎練習も欠かさず、さらに過酷な練習を重ねながら、感動的なダンスパフォーマンスに仕上げたい一心で、日々頑張っていたと言います。

では、佳子さまも同じように激しい練習をこなされていたのでしょうか？

「佳子さまとは練習ではお会いしませんでしたが、イベントなどでお見かけする機会はありました。入部した時から、佳子さまはダンスがとても上手でしたね。サークルのメンバーたちも、佳子さまのダンスを見て、『上手だよね』と感心していましたから、熱心に練習されていたんだと思います」

小学生の時から高校三年生まで、フィギュアスケートに打ちこんでいた佳子さまは、スピンやステップで体幹を鍛えられていたので、ダンスも得意な分野だったのでしょう。

普段はお友達と連れ立って歩き、どこから見ても普通の女子大生。よく見れば遠巻きに目立たないよう、私服警官がついていたと言います。いつもにこにこされていて、竹本さんは会えば必ずフレンドリーな挨拶を交わしていました。

「たまにキャンパス内で、お会いすることがありましたが、サークルで顔見知りになっていたので、そんな時はお互いに手を振りながら、『ヤッホー』と声をかけ合っていました。会えば、いつもたわいもない会話をして、とても気さくでおっとりとしたお嬢さんでしたよ」

さらに竹本さんは、大学時代の佳子さまの魅力をこう語ってくれました。

「キレイな方だなという印象はありましたが、周囲に溶けこんでいらっしゃいましたね。やんごとなき方ですから人目を気にしているのかと思いきや、そんな感じは微塵《みじん》もなく、伸び伸びとエンジョイされているように見えました。人当たりは、とにかくまろやか。自然に気遣いができる方だと感じました。一方で、アクティブな面もあり、常に元気いっぱい、エネルギーがみなぎっていらっしゃいましたね」

と語ってくれた竹本さん自身も、ICU在学中はダンスに没頭した四年間だったとか。

「正直、私は大学時代、ダンスしかやっていなかったと言っても過言ではないです」

と、振り返るほど、ダンスサークルでの日々は学生時代の良き思い出となっているようでした。

ＩＣＵの三年生になられた佳子さまは、その前年に交換留学生プログラムに応募し、厳しい選考過程を経て、平成二十九年秋からイギリス中部にある国立リーズ大学に留学されました。

リーズ大学は世界大学ランキングでトップ百にランクインするほど、有名な名門大学のひとつ。佳子さまの留学が報じられると、イギリスでも話題となりました。

リーズ大学は、イギリス最大規模のキャンパスを誇り、銀行や病院、様々なお店もあって、構内から一歩も出ることなく生活できるほど。加えて二十四時間利用可能な図書館や、格安料金のフィットネスジムも完備されています。

生徒総数は約三万三千人。留学生の受け入れも盛んで、世界百七十カ国以上の国から九千人もの留学生が学んでいます。日本人の学生は、佳子さまが留学された平成二十九年当時は百六十人ほどでしたが、その後、佳子さま効果で日本でも広く知られるようになり、今では約四割ほど増えているとか。

そこでリーズ大学に留学経験があり、現在は外資系の企業に勤務する、宮城県出身の中原康太さんにキャンパスでの生活を伺いました。

「私は佳子さまが留学を終えられた三カ月後の平成三十年九月から、一年間リーズ大学大学院に留学していました。従って佳子さまと直接お会いしたことはありませんが、日本人留学生の仲間から話は聞いていています」

中原さんの話によれば、リーズ大学での勉強はとてもハードなものだったと言います。

「勉強する量が日本の大学に比べてとても多くて、とにかく自主的に勉強をしないと、ゼミのディスカッションについていけなくなります。課題もかなりの量が出るので、一日のスケジュールの大半がなんらかの勉強に費やされていました」

そんな中で中原さんの先輩留学生の中には、佳子さまと一緒に写した写真を持っている人もおり、日本人だけでなく国籍を超えて様々な国の学生たちと交流を深めていたようです。

「佳子さまは、一般の人が入る寮に住んでいたと聞いていますし、誰とでも気さくに交流され、パブにも結構行かれていたと聞いています。もちろん警護の人はついていたでしょうが、日本にいる時よりも、リーズ大学では自由に、普通の一般学生として楽しく過ごされていたと思います」

　佳子さまは学生のひとりとして授業を受けたり、週末には友達とパブやクラブに行ったり、キャンパスライフを満喫されていただろうと話します。

　リーズ大学では、佳子さまはどのような分野を学ばれていたのでしょうか。

「佳子さまは、パフォーマンス・文化産業学科に入られ、舞台芸術や心理学などを学ばれていたと聞いています。実はリーズ大学はマンモス校なので、いろんな学部があり、演劇やコミュニケーションのような比較的新しい学科から、政治経済や法律といった伝統的な学部、さらに宇宙工学といった、大がかりな設備が必要な理工系の学部まで揃っていました。だから自分が興味を持って、深く探求したいと思えば、どんな分野にも対応できると思います」

　自らが専攻していない場合でも、学部や学科を超えて友達になってしまえば、別の分野の情報が詳しく手に入り、そこから新たな探求が始まる場合もあるでしょう。佳子さまはフィギュアスケートやダンスを通して、表現者としてのスキルを高め、リーズ大学ではまさにパフォーマンス学という学術的な裏づけと、これからの方法論を模索されていたのではないでしょうか。そうした点でも佳子さまの知的好奇心は、リーズ大学でおおいに発揮されていたことでしょう。

中原さんはリーズ大学に留学して「一番良かったことは何か？」という問いに、こう答えてくれました。

「いろんな人の考え方や価値観を知ることができたのが、一番良かったことです。自分の意見を主張したい人もいて、国によっていろんな気質の人がいることを知りました。そういう考えを取りまとめていく中で、物事を円滑に進めるようにすることなどを通して、自分の中で多様性が身についたと思います」

国民性や文化の差を痛感した、リーズ大学の日々だったと振り返ります。おそらく佳子さまも、世界には様々な考えがあり、萎縮するのではなくその渦中に飛びこんで話し合うことで、一層の理解が深まっていくことを学ばれたのではないでしょうか。


平成三十年六月、佳子さまは九カ月の留学を終えてご帰国。再びＩＣＵに戻り、公務と並行しながら、三年生からは心理学を専攻し、卒業論文では「ワーキングメモリとMind Wanderingが読解力に及ぼす影響」と題して、人間の読解力について考察されました。

そして迎えた平成三十一年三月、ＩＣＵの卒業式には、伝統的な黒い角帽と黒いアカデミックガウンを身につけてのぞまれました。

卒業にあたり、佳子さまは宮内記者会からの質問に対して、文書でお気持ちを伝えられました。

「大学卒業を迎え、学生生活が過ぎるのはあっという間であったと感じております。また、恵まれた環境で過ごせたことを大変ありがたく思っております。（中略）国際基督教大学の在学中に短期留学をしたリーズ大学では、日本では学ぶ機会の少ない、舞台芸術に関わる分野や、国際基督教大学で専攻していた心理学の分野などを含め、幅広く学びました。（中略）一つの分野を集中的に学ぶことも、幅広く学ぶことも、どちらも非常に意義のある経験であったと感じております。印象深かったことは、留学中の一連の経験と言えます。英語で学び、英語で生活をしたこと、様々な国の人と交流し、いろいろな文化に触れたこと、今までになかった新しい視野を持つことができたことなど、多くの経験ができたので、留学をしていた約九ヶ月間は非常に印象深い期間でした。どの大学においても、教職員の方、仲良くなった友人達、大学に通うに当たりお世話になった方々など、関わってくださった方々に非常に感謝しております」

何をしても世の中の注目を集める皇室の一員というお立場にあることから、自らの意思を時には飲みこんでしまわれることもあるでしょう。しかし、佳子さまは二度と戻らない若き時代の一時期を、自らが思う目的のためにまい進されました。視野を広く持ち、胸の中に芽生えた好奇心が指し示すままに、勇気を持って進んでこられた学生時代。この体験は将来の大きな財産となったことでしょう。

余談ながら令和元年十月、佳子さまが町田市の市民ホールで行われた、ダンススクールの発表会でステージに立たれたことが、様々なメディアで伝えられました。

大学を卒業されてから、久しぶりに聞いた佳子さまとダンスとの関わり。その報道を耳にした同窓生の竹本さんは、こんな感想を語ってくれました。

「ダンスをしている人の感覚からすると、出会った仲間たちとチームを作って発表会に出たり、プロのダンサーと知り合ってこの人と一緒に踊りたいと参加したりなどはあると思います。そうしたい気持ちが募るのもよく分かります。ダンスが大好きな佳子さまは、じっとしていられなかったのでしょう……」

佳子さまの青春は、今もアクティブに力強く前進しているようです。

若い皇族の一員として

――松本零士（漫画家）
鈴木みゆき（独立行政法人 国立青少年教育振興機構理事長）
杉原圓（倉吉町並み保存会元会長）
今村秀樹（全日本高等学校馬術連盟副理事長）

松本零士（まつもと　れいじ）

昭和十三年、福岡県生まれ。『男おいどん』で人気漫画家となり、『銀河鉄道９９９』が大ブームに。旭日小綬章、紫綬褒章、フランス芸術文化勲章を受章。少年の主張全国大会で審査委員長を務めている。

鈴木みゆき（すずき　みゆき）

昭和三十年、東京都生まれ。お茶の水女子大学大学院を修了し、医学博士号取得。前和洋女子大学人文学群こども発達学類教授。平成二十九年、独立行政法人 国立青少年教育振興機構理事長となり、現在に至る。

杉原圓（すぎはら　まろし）

昭和十三年、鳥取県生まれ。六十九歳の時に、神奈川県横浜市から妻の実家がある鳥取県倉吉市に移住。地元の要職を歴任し、平成三十年まで倉吉町並み保存会の会長を務めていた。

今村秀樹（いまむら　ひでき）

昭和十七年、兵庫県生まれ。大学卒業後から馬術を始め、仕事の傍ら昭和四十六年の第二十六回国体（和歌山県）一般貸与馬障害飛越団体トーナメントで優勝。現在、馬術に関連した役職に専念し、兵庫県馬術連盟会長、神戸乗馬倶楽部会長、全日本高等学校馬術連盟副理事長。

皇室の方々が行う「公務」とは、皇居などでの公的な儀式・行事や全国各地で開催される式典などへのご出席、そして地域の社会福祉・教育・文化・研究・産業などの施設を視察され、関係者らと交流することを主としています。皇室の方が出席されることで、多岐にわたる分野で活動する人々を励まし、社会のために地道な努力を続けているところに光が当たるのです。日本の国と社会に寄与する意義の大きさは計り知れません。

皇族の方が本格的に公務を行うのは成年になってからですが、将来皇室の一員として役目を果たす準備として、未成年のうちにご両親と一緒に公務に出席されることがあります。ご両親の姿を近くで見ることで、一つひとつの公務を大切に務めることを学び、理解を深めていかれるのです。

平成十九年、佳子さまが中学一年生の時、初めての公務として紀子さまと「少年の主張全国大会」に出席されたのは、今のうちから皇族としての心得を身につけてほしいという、秋篠宮ご夫妻の思いからだったのではないでしょうか。

この行事に、その翌年も佳子さまとともに出席されたお気持ちを、紀子さまは次のように話されています。

「佳子は私と一緒に『少年の主張全国大会』に参りまして、全国から選ばれた十二名の中学生のそれぞれの考えや思いが生き生きと伝わってくる発表に耳を傾けました。娘たちがこれからも学校の生活を大切にしながら、一つ一つの経験を重ねつつ、社会から何を期待されているかを感じ、求められていることに応えることができるよう、願っております」

(平成二十年、秋篠宮さまお誕生日に際しての記者会見より)

皇室という特別な環境に生まれたお立場上、ひとりの大学生として日々を送る一方、一般の人と違うことが求められるようになります。佳子さまが皇族としての自覚を持つようになられたのは小学校低学年の頃だったと、成年を迎える記者会見で話されています。

佳子さまにとって、いわば公務へのデビューとなった、少年の主張全国大会。中学三年間は毎年、出席されていましたが、その後は紀子さまあるいは眞子さまが単独でお越しになり、いらっしゃっていませんでした。

佳子さまがこの行事に次に出席されたのは、平成二十六年十一月のこと。会場で隣の席に座ったのは、この行事で審査委員長を務めている漫画家の松本零士さんでした。

当時のことを松本さんは、こう振り返ります。

「主催者から『ここにおかけください』と言われた時、とても緊張してしまいましたよ。皇族の、しかもお若い佳子さまですからね」

しかし、佳子さまのあるお言葉で、その緊張感が和らいだと言います。それは、佳子さまが席を立ち、松本さんの前を通られた時のことでした。

「佳子さまが『どうぞお気を遣わずに』とおっしゃったんです。私の前を通る時も、佳子さまはニコニコと笑顔を見せてくださいました。『本当に気を遣わないでください。普通の通りで構いません』と何度もおっしゃって、お気遣いにあふれておられました」

隣の席だった松本さんは、佳子さまが常に周りに気を配られていたと話します。

こんなこともありました。松本さんがうっかり、資料のたくさん入ったバインダーを落としてしまいました。すると、すぐに気づいた佳子さまが、躊躇《ちゅうちょ》することなく前かがみになり、それを拾おうとされたのです。

「あの時は本当にびっくりしました。感動しましたね。佳子さまが助けてくださったんです」

突然のことにも即座に対応し、松本さんの代わりにバインダーを拾おうとされた、佳子さま。困っている人を助けようとされる、普段の素顔を垣間見ることができるエピソードです。

そもそも、少年の主張全国大会は、昭和五十四年の第一回大会に、当時、皇太子・皇太子妃だった上皇ご夫妻がお越しになり、その後も毎回のように天皇ご一家の方々が出席してこられました。

第四十一回となった令和元年は、少年の主張全国大会に応募した全国の中学生は約五十万人にのぼり、日本の中学生約七人に一人が参加する大会となっています。出場する中学生は、いじめや学校の校則、地域での話、将来の夢など、それぞれが抱いている思いや考えを自分の言葉で発表します。若い中学生たちが情熱をこめて自らの主張を伝える様子は、初めて出席した時に同世代だった佳子さまにとって、大きな刺激を受けるものだったでしょう。

佳子さまがこの行事について上皇ご夫妻（当時、天皇皇后両陛下）に話されたことを、紀子さまはこのように語られています。

「佳子は十一月の中旬に私と一緒に出席した、中学生が発表する行事『少年の主張全国大会』の様子をお伝え申し上げました。両陛下は皇太子同妃両殿下でいらしたころにその行事にご臨席され、また青年の主張の関係の行事などについて、いろいろなお話をしてくださいました」（平成二十年、秋篠宮さまお誕生日に際しての記者会見より）

中学生たちの一生懸命な姿が心に刻まれていらっしゃったのでしょう、上皇ご夫妻とお孫さまとの語らいのひとときに、この行事のことが話題にのぼっていたのです。

皇室の方々が出席される公務は、事前に主催者が御所や宮邸に伺い、概要などを直接ご説明することもあります。少年の主張全国大会についても、二週間ほど前に秋篠宮邸に伺って、全体の流れを説明し、出場する中学生たちの作文をお渡ししています。佳子さまはそれに目を通して、当日に向けて準備をされるのです。

主催者である国立青少年教育振興機構の鈴木みゆき理事長は、ご説明した際の佳子さまのご様子をこう話します。

「この中学生はこのようなお話ですと、ざっくりとした内容をお伝えするのですが、佳子さまは細かくメモを取っていらっしゃいます。そして当日までに、佳子さまはきちんと作文を読んでくださっているんです」

佳子さまが公務に取り組まれる、真摯な姿勢。それを鈴木理事長が実感し、感銘を受けた出来事がありました。

平成三十年に開催された少年の主張全国大会で、小学一年生の時から落語を習っている奈良県の男子中学生が「笑いの輪」と題したスピーチを行った時のこと。他の中学生たちが制服姿で登壇する中、その彼だけは着物姿で現れ、我こそお笑い担当だという雰囲気で、会場中をどっと笑いに誘いました。

彼はスピーチの最後を落語の小噺《こばなし》で締めることにしていましたが、急きょあらかじめ出していた作文とは異なる小噺に変更。その機転が功を奏し、客席に爆笑の渦が巻き起こったのです。

「彼の発表が終わった直後、佳子さまが私のほうを向いて『変えましたね』とおっしゃり、ニコッと笑顔をお見せになりました。変えたのはラストの小噺のところだけだったのですが、佳子さまは事前に作文を全部お読みになっていたので、すぐにお気づきになったんです。作文の内容を頭に入れ、記憶していただいていることに、感動を覚えました」

当日に発表する中学生たちの作文は、一人あたり原稿用紙で五枚ほどあり、出場する十二人分となると、かなり集中しなければならない量です。しかも、佳子さまは他にも多く

平成30年、佳子さまが第40回少年の主張全国大会にご出席。
左は松本零士さん、右は鈴木みゆき理事長。
(提供=独立行政法人 国立青少年教育振興機構本部)

の公務がある中で準備をされるのですから、費やす時間や労力は並大抵のことではないでしょう。

佳子さまの努力家な一面に触れ、鈴木理事長は「中学生たちの作文を全部お読みいただいているのだと知って、私のほうがドキドキしました」と言います。

発表が終わった後は、佳子さまと出場した中学生とのご懇談が恒例となっています。佳子さまはこの人がこういう内容を発表したということをよく記憶していらっしゃり、中学生一人ずつに違う言葉をかけられると言います。

「私が感動したのはこういうところです」

「今、学校でどうですか?」

など、それぞれのいいところを引き出そうとされ、そのお言葉が中学生たちの勇気と希望になっていきます。そして何より、中学生たちの胸に強く刻まれている佳子さまの特徴は、必ず相手の目を見て話をされることです。

これまで少年の主張全国大会で佳子さまからお声をかけられた人は、次のような感想を話しています。

平成二十六年　第三十六回内閣総理大臣賞受賞者　山本由菜さん（当時、中学三年生）
佳子さまとのご懇談では、「感動しました」とまっすぐな瞳でお言葉をもらいました。一人ひとりに丁寧に話しかけられていたのが記憶にあります。

平成二十六年　第三十六回理事長賞受賞者　林萌桃さん（当時、中学二年生）
実際目の前に来ていただいた時、とても緊張してしまい、うまく文章をまとめられず言葉が詰まってしまいました。それでも、目を見ながら優しく頷いてくださり、そこから緊張がほぐれ、お伝えができたことを覚えています。

平成二十七年　第三十七回審査委員長賞受賞者　河野水穂さん（当時、中学三年生）
私の主張の内容は「いじめ」についてでしたが、佳子さまとのご懇談の中で「お母さまの存在の大切さを感じさせてくれる作品でした」とおっしゃっていただきました。
また、他の出場者とのお話を伺っていると、主張の内容だけでなく、一人ひとりが感じた心の動きを聞き取られているご様子でした。
一人ひとりに丁寧に接していただき、私たちの主張内容や気持ちを事前にご理解いただだいた上で、的確に質問されているご様子を見て、とてもお優しい方だと感じました。

思春期にいる中学生たちにとって、佳子さまとの出会いは、まだ知らない未来を仰ぎ見て、明日へと踏み出す力となっているようです。

令和元年に開催された少年の主張全国大会では、佳子さまと一緒に、弟の悠仁さまも出席されました。悠仁さまは中学一年生。佳子さまが初めてこの行事に出席された時と、同じご学年です。

悠仁さまが着席される時、席を間違えそうになり、さりげなく佳子さまがそっちじゃないよと誘導するシーンもありました。慣れない悠仁さまに優しく教えて差し上げながら、かつてご自分が初めてこの行事にのぞんだ日のことを思い出していらっしゃったのではないでしょうか。

佳子さまと悠仁さまが中学生たちとご懇談した時の様子を、鈴木理事長はこのように話してくれました。

「悠仁さまが話しかけようかどうか逡巡していらっしゃると、それに気づいた佳子さまが先に上手に質問をされていました。中学生が何か反応すると、佳子さまが『そうなの?』

と悠仁さまにお尋ねになり、話しやすい流れを作られていました」

悠仁さまにとって、優しくて頼りになる姉、佳子さまの存在は心強いものだったに違いありません。

また、この行事の審査委員長、松本零士さんは、これまで八回にわたって佳子さまがご出席くださっていることで、参加する中学生たちが皆、元気と励ましをいただいていると語ります。

「佳子さまは、やはり青春のまっただ中におられますから、若々しさがみなぎっています。それをはっきり感じますね。未来が無限大にある青春です。佳子さまは子どもたちとともに未来に向かって進まれる方です。青春というのは、人生の宝物ですよ。佳子さまには子どもたちと共通の思い、未来に向けた志であり、夢であり、願いがあるはずです」

佳子さまの励ましに力をいただいて、子どもたちの夢は翼を広げ、未来に向かって力強く羽ばたくことでしょう。

皇室の方々は地方公務にも力を注ぎ、地域に生きる人びとと直接ふれあっていらっしゃいます。四十七都道府県の中で、佳子さまが訪問された数が最も多いのは、毎年のように、

「全国高校生手話パフォーマンス甲子園」を開催している鳥取県です。

佳子さまは鳥取県を訪問するたび、地域の文化が息づく場所を視察されています。そこでは、地元に根ざした文化を守り伝える人たちとの一期一会がありました。

平成二十八年、佳子さまが「第三回全国高校生手話パフォーマンス甲子園」に出席した際に赴かれたのは、国の重要伝統的建造物群保存地区に選定されている、鳥取県倉吉市の白壁土蔵群でした。

白壁土蔵群は江戸時代に陣屋町として栄え、古いものは江戸時代に建てられたもので、まっ白な漆喰の壁に赤い瓦の土蔵が立ち並んでいます。日本海に面した地域は積雪が多いため、吸湿性と防火性を兼ね備えた漆喰によって、土蔵の中に貯蔵する財産を守ろうとしていました。また、耐火性の高い陶土を用い、千二百度以上の高温で焼いた山陰地方特有の赤い瓦で、江戸時代から頻発していた火事に備えていたのです。

当時のままに残された、旧国立第三銀行や商家造りの老舗《しにせ》醤油醸造場などの建物は、この地で刻まれてきた歴史を今に伝えています。

佳子さまは白壁土蔵群をおよそ一時間かけて回られ、その時に案内したのは、当時、倉吉町並み保存会の会長だった、杉原圓《まろし》さんでした。佳子さまに会った時の印象を、昨日の

平成28年、佳子さまが鳥取県倉吉市の白壁土蔵群をご訪問。
左は杉原圓さん。

ことのように話してくれました。

「とっても素敵なお嬢さまでね、言葉遣いも丁寧で、こちらのほうが恐縮しましたよ。『よく倉吉にお越しになりました』と申し上げると、佳子さまがにっこりと微笑んでくださいました。佳子さまと間近でお話しして、周りからは『お前、役得だなぁ！』と大変うらやましがられてねぇ」

杉原さんの表情には、その時の嬉しさがこみ上げていました。当時、佳子さまご訪問のニュースに、町中は大盛り上がり。当日は県知事や市長、自治体の関係者たち、護衛する皇宮警察や地元警察が佳子さまを囲み、その周りに佳子さまをひと目見たいと町の人たちが集まり、黒山の人だかりとなりました。

そうして大勢でぞろぞろと白壁土蔵群の町並みを散策する様子に、杉原さんは「これはえらいことになった！」と緊張と興奮がこみ上げました。なぜなら順路のところどころで説明役として待機している人に繋ぎながら、ずっと佳子さまをご案内するという大役を任されていたからです。

もともと杉原さんは会社員として神奈川県横浜市に夫婦で暮らしていましたが、六十九歳の時に、妻の実家である白壁土蔵群の商家を経年劣化のために修復しなくてはならなくなり、この地に移住。すると、杉原さんは持ち前の人柄と責任感を高く評価され、町の要職をたくさん頼まれるようになりました。そのひとつが、倉吉町並み保存会会長だったのです。

そしてこの度舞いこんだのが、畏れ多くも佳子さまのご案内係。この時、佳子さまは二十一歳。杉原さんは七十八歳。半世紀以上の年の差があるものの、精いっぱい佳子さまに楽しんでいただこうと思ったそうです。

散策の途中、佳子さまが近くで見てみたいと興味を示されたのは、倉吉の伝統文化、張子のお人形を手作りするお店でした。張子人形は、倉吉に江戸時代から伝わる厄除けのお守りです。

桐の木型に和紙を貼り重ねて作る素朴な人形ですが、現在、その技術を継承しているのはわずか二人のみ。山陰地方では倉吉でしか作られておらず、張子人形を一体作るのにおよそ十日間かかります。

お店の中に入った佳子さまは、着物姿に可愛らしい顔が描かれた張子人形を愛《いと》おしそうにご覧になり、「このお人形は、ここで作っているんですか？」と、質問されました。

杉原さんによれば、佳子さまは前の晩に泊まったホテルに張子人形が飾られていたと、お店の人に話していらっしゃったそうです。幼い頃から手芸がお好きだった佳子さまは、和紙で作られた愛らしいお人形のことが気になられていたのでしょう。

そして、佳子さまが関心を持たれたものが、もうひとつ。明治十年に創業し、昔ながらの製法を守り続けてきた老舗の醤油醸造場の前で、杉原さんはこう説明しました。

「この醤油屋さんではアイスクリームを販売しています」

「それはどんなお味がするのですか?」

「甘くて、醤油の香りがするアイスクリームなんですよ」

佳子さまはその醤油アイスクリームに、興味津々のご様子だったと言います。この日、佳子さまは召し上がる機会がなかったため、後で鳥取県の平井知事が秋篠宮邸に醤油アイスクリームをお送りしたとか。

二十一歳の女の子らしく、お人形やアイスクリームに関心を持たれた佳子さま。また障害者の作品を展示したアートギャラリーにも立ち寄り、作品をくまなくご覧になっていたそうです。

佳子さまは常に謙虚な姿勢で人々に接し、常に笑顔を絶やされませんでした。そうした佳子さまに会った人すべてが感激し、一生忘れられない思い出となったのです。

「最後に佳子さまが車にお乗りになるまで、お見送りいたしました」

と、杉原さんは振り返ります。あまりに緊張しすぎて、どんなことを話したのか、よく覚えていないと言います。

佳子さまが訪問された翌月の十月二十一日、鳥取県倉吉市を中心に震度六弱を観測した鳥取県中部地震が発生。白壁土蔵群では瓦が落下し、白い壁のところどころにヒビが入って、大きな被害が出ました。

町の人たちが意気消沈している時、佳子さまからお見舞いの言葉がありました。佳子さまは地震による被害を大変心配され、県知事と市長にお言葉を伝えられたのです。それを知った町の人たちは、佳子さまのお心遣いにとても勇気づけられたと言います。

佳子さまが心を寄せてくださっていることは、町の伝統と文化を守り続けてきた杉原さんをはじめ町の人たちにとって、かけがえのない励みであり、誇りとなっているようです。

ニュースなどで報じられる佳子さまの地方公務には、園児たちの出迎えシーンがおなじみとなっているものもあります。毎年、静岡県で開催されている「全日本高等学校馬術競技大会」の開会式に、佳子さまはこれまで（令和二年の時点で）四回にわたって出席されてきました。

開会式が始まる前に、地元の保育園に通う園児たちが佳子さまを歓迎します。無邪気な園児たちが思ったことをそのまま伝え、佳子さまが気さくに応えられる様子は、微笑ましさに包まれています。

令和元年、「第五十三回全日本高等学校馬術競技大会」では、このようなやりとりがありました。

佳子さま「待っててくれてありがとうございます」
園児「普通にきれい！」
佳子さま「ありがとう。皆何歳ですか」
園児「五歳！」「六歳！」
佳子さま「六歳になったんだ」
園児「五歳！」「六歳！」
佳子さま「じゃあ、みんな五歳と六歳だね」

園児たちは大喜びで話しかけ、佳子さまもまた、幼い子どもたちとの会話を楽しんでいらっしゃいました。

この行事でいつも佳子さまを案内し、説明役を務めているのが、全日本高等学校馬術連盟副理事長の今村秀樹さんです。園児との交流が終わった後、今村さんは佳子さまを開会式が行われる建物にご案内します。

平成二十七年の開会式では、佳子さまが公務で初めてお言葉を述べられるとあって、注目が集まりました。そんな中、佳子さまが述べられたお言葉は……。

「馬術競技は、数多くあるスポーツの中でも、人と動物が一体となって競う稀な種目であり、人と馬とが心を一つにし、信頼し合うことで、お互いの能力を発揮することができると伺っております。皆さまは、日々、馬と接し、気持ちが通じ合うように努力をしていらっしゃることと思いますが、この経験は、馬術競技に限らず、様々なところで生かしていくことができるのではないでしょうか」

佳子さまは全国から集まった選手たちを前に、しっかりとした口調で話されました。馬術という競技がスポーツの中で特殊なものであり、選手たちが日々の練習の中で、馬と気持ちが通じ合うよう努力していることに触れられたのです。

皇室の方々が式典などで話されるお言葉は、どのようなものがふさわしいかを熟慮し、ご自身でお考えになっています。恒例の行事にしても形式的な言葉を述べるのではなく、参加する人びとや関係者の気持ちに心を寄せ、丁寧に一言一句を選んでいらっしゃるように思います。

きっと佳子さまはあらかじめ全日本高等学校馬術競技大会について勉強され、この日に向けて何度も原稿を練り直されたのではないでしょうか。

こうした佳子さまの熱心な姿勢について、秋篠宮さまはこのように話されています。

「(佳子さまは) 国内で何か行事に出席するとか、あとは海外から来られるお客様に会う前とか、そういうときの事前の調べ物というのは、元々が真面目な性格なのかもしれないですね、よくやっているなという印象を、私は持っています。引き続き、そういう一つ一つを大事にするという気持ちを持っていってほしいなと思います」(令和元年、秋篠宮さまお誕生日に際しての記者会見より)

秋篠宮さまがおほめの言葉をおっしゃるほど、佳子さまは一つひとつの公務に情熱を注いでおられるのでしょう。今村さんも馬術について理解を深めようとされる佳子さまの意欲を感じたことがありました。

令和元年、第53回全日本高等学校馬術競技大会の開会式で
お言葉を述べられる佳子さま。（撮影=c3.photography）

令和元年の開会式はあいにくの雨模様だったため、佳子さまから、「馬は雨を嫌がりますか?」という質問を受けました。

「そんなに馬は嫌がりませんが、選手のほうが気にするかもしれません」

と、今村さんが説明すると、佳子さまはなるほどと納得されていたそうです。

そして地方公務は、その地域について理解を深める機会でもあります。開会式の後に開かれる佳子さまを囲む昼食会では、御殿場市で生産したお米、周辺で採れた魚や肉、県の名産であるお茶やメロンなど、静岡県の食材を使ったメニューが出されます。

出席するのは、静岡県知事や議会議長、教育長、御殿場市の市長、全日本高等学校馬術連盟会長、静岡県馬術連盟会長といった重鎮たち。皆、孫あるいは娘に近い年齢の佳子さまとお話しするのを心待ちにしており、少しでも楽しんでいただこうといろんな話題を提供するのだと、今村さんは話します。

たとえば、静岡県はお母さまである紀子さまがお生まれになった地であることや、浜名湖は上皇ご夫妻がかつてご一家で夏のひとときを過ごされていたことなどを話したそうです。

佳子さまがイギリスのリーズ大学の留学から帰国された年には、

「佳子さまはイギリスで馬に乗られましたか?」

「残念ながらチャンスがなく、乗ることができませんでした」

という会話があったと話してくれました。

「佳子さまは、春風のようにほわっとした感じでいらっしゃいます。昼食会に出席している方々は皆、佳子さまのファンだと思いますよ」

出会った人にいつも好印象を残されている佳子さま。まるで柔らかな春風のように、どんな人も笑顔にする心地いい空気を運んでくださるのでしょう。

佳子さまを囲む昼食会ではつい話が弾んでしまい、タイムキーパー役を務める今村さんは「もうそろそろ話が終わらないと……」と、毎回ソワソワするとか。時間通りに終わらせることに難儀するほど、佳子さまは相手の心をとらえる魅力をお持ちでいらっしゃるのです。

佳子さまの四回にわたる全日本高等学校馬術競技大会へのご出席を傍で見てきた今村さんは、年々、皇族として立派になられる成長ぶりを感じてきました。

「初めて佳子さまが出席された時は、何度もお付きの人のほうをちらっとご覧になっていましたが、最近はすっかり慣れていらっしゃいます。次に何をするという手順がお分かりになっているので、回を重ねるに従って、立ち居振る舞いも堂々とされています」

しかし、なぜ馬術の経験がない佳子さまが、この行事にたびたび出席されているのでしょうか。その理由は、全国高等学校総合体育大会、いわゆる高校総体に、野球と馬術などが入っていないことがあげられます。馬術は馬を集めることや広い会場が必要となり、コストがかかりすぎてしまうためにクラブ活動として認めている高校が極端に少なく、大規模な大会運営が難しいのです。

一方、皇室と馬術には深い繋がりがあり、戦前は、皇室男子のたしなみとされていました。「第一回全日本高等学校馬術競技大会」は東京・世田谷区の馬事公苑で開催され、昭和天皇の弟・三笠宮さまが出席されました。上皇さまは高校時代に馬術部に所属し、キャプテンを務められたほどの腕前です。また高校馬術奨励のため、全日本高等学校馬術競技大会の優勝校に常陸宮賜杯が授与されています。

日本で馬術がスポーツ競技として続いていくために、皇室の方々によるご尽力は大きいと、今村さんは感じています。

「馬術はヨーロッパでは盛んですが、日本ではマイナーなスポーツです。そこに皇室の方々が出席され、光を当ててくださっています」

皇室の方々は日本におけるスポーツの普及と振興を願い、活動してこられました。佳子さまもその一翼を担っていらっしゃるのです。

馬術競技の中でも馬場馬術は技の質や正確性を争う採点競技であり、「規定演技」と「自由演技」の二つのジャンルで競い合います。自由演技は音楽に合わせて軽やかに人馬一体のステップを披露することから、よくフィギュアスケートにたとえられます。フィギュアスケートの選手でもあった佳子さまにとって、実は馬術はおおいに共感できるスポーツなのではないでしょうか。

佳子さまと馬術の繋がりは、これからも強い絆で結ばれていくことでしょう。

お歌にこめられた思い

——篠弘（歌人）

金指真澄（鳥取市因幡万葉歴史館館長）

篠弘（しの　ひろし）
昭和八年、東京都生まれ。窪田章一郎、土岐善麿に師事。文学博士。歌誌「まひる野」代表。日本現代詩歌文学館館長。宮内庁御用掛として、皇室の方々のお歌の指導・相談役を務めている。『至福の旅びと』（沼空賞）など著書多数。

金指真澄（かなさし　ますみ）
昭和二十六年、鳥取県生まれ。小学校の教諭として花畑第一小学校、平野小学校などで教鞭を執った。平成二十四年、鳥取県に移住し、現在は鳥取市因幡万葉歴史館の館長を務めている。

皇室の方々は、長い間受け継がれてきた宮中の伝統として、お歌（短歌）を詠まれます。天皇が催される歌会を「歌御会《うたごかい》」といい、鎌倉時代の中頃には年の初めに行われる「歌御会始《はじめ》」がすでに行われていたようです。以来、「歌会始の儀」として、ほぼ毎年のように行われるようになり、今日まで連綿と続けられてきました。

この「歌会始の儀」はテレビでも中継され、今やお正月の風物詩となっていますが、皇室では、他にもお歌を作る機会が数多くあります。

毎月、天皇陛下から皇族や侍従、宮内庁の関係者などに「お題」が伝えられ、その月の締め切り日までに詠進（天皇にお歌を提出すること）する、月次歌会《つきなみのうたかい》。そして上皇さま、上皇后さま、天皇陛下、皇后さま、それぞれのお誕生日に際して、皇室の方々がお歌を詠まれる「ご誕辰《たんしん》」の歌御会も行われています。

これまでは天皇皇后両陛下のご誕辰のみでしたが、令和になって上皇さまと上皇后さまのご誕辰も加わり、十月二十日は上皇后・美智子さまのお誕生日、十二月九日は皇后・雅子さまのお誕生日、十二月二十三日は上皇さまのお誕生日と、秋から年末にかけて「ご誕辰」が続くため、皇室の方々はそれに向けてお歌を詠むのに忙しくなられるとか。

そんな皇室の方々にお歌のご指南をしているのが、宮内庁御用掛の歌人・篠弘さん。篠さんは日本現代詩歌文学館館長を務め、紫綬褒章、旭日小綬章を受章するなど、短歌界の重鎮として長年活躍してきました。

平成三十年から宮内庁御用掛に就き、皇室の方々のお歌に助言を与えています。月次歌会のお題も、天皇陛下と相談して決定する役割を担い、皇室の方々にとっては、いわばお歌作りの先生といったところです。

そんな篠さんは、皇室の方々のお歌作りの熱心さはかなりのものだと話します。

「皆さまとても熱心ですが、中でも毎月のように月次歌会にお歌を出されているのは、常陸宮妃華子さまと高円宮妃久子さま、それに秋篠宮妃紀子さまですね。秋篠宮ご一家は、お正月恒例の歌会始と、ご誕辰にいつもお歌を出されています。佳子さまは、歌会始とご誕辰に際してのお歌を、これまで合計十首ほど詠まれました」

年初の歌会始のお題は、選者が提案したものを篠さんが二つに絞って式部官長にゆだね、その中から天皇陛下がひとつに決められていると言います。令和三年の歌会始のお題は「実」。名詞でも動詞でも使える字をお題にしようと決めたそうです。

「お題は『実』ですが、歌に詠む場合は『実』の文字が詠みこまれていれば良く、『実験』、『果実』のような熟語にしても良く、『実る』のように訓読しても差し支えありません」

とのことです。

また篠さんは、皇族方にはこんなお歌を詠んではどうですか、というリクエストを出すことはなく、それぞれの方がお題に合わせてお詠みになるものととらえています。

「こういうテーマで作らなければならないということは申し上げません。ただ、既成の表現や文法的な間違いは指摘します。眞子さまや佳子さまもそうですが、お母さまの紀子さまは大変熱心でいらっしゃいます。FAXで原稿を送ってこられたり、職員の方が原稿を持って来ることもあります。お歌のご指南で、すでに秋篠宮邸には二回ほど出向いていますし、佳子さまともお会いして助言したこともあります」

篠さんが宮内庁御用掛になって、最初に秋篠宮邸に伺った際、秋篠宮ご夫妻と眞子さまは篠さんを交え四人で長い時間お話をされたとか。その時、眞子さまから「よろしくご指導をお願いいたします」と丁寧にご挨拶をいただいたと話します。ちょうどその頃、佳子さまはイギリス留学中とあって、残念ながらいらっしゃいませんでした。

しばらくして、篠さんが秋篠宮邸に再び伺って、前と同じように広間で秋篠宮ご夫妻と眞子さまと話していました。すると、途中で帰国して間もない佳子さまが顔を出されたのです。

「下手ですけれど、どうぞよろしくお願いします」

と、佳子さまはお辞儀をし、挨拶をされたと言います。

篠さんは、率直に自分のことをお話しになる方なのだな、という印象を受けたそうです。

さて佳子さまのお歌デビューとなったのは、平成二十七年の歌会始の儀でした。成年皇族となられ、初めて出席した恒例の行事です。お題は「本」。佳子さまのご家族に寄せる優しさがこめられていました。

弟に　本読み聞かせ　ゐたる夜は
　旅する母を　思ひてねむる

宮内庁公式の解説では――

「佳子内親王殿下は、お姉さまの眞子内親王殿下が外国にいらっしゃる最近では、秋篠宮同妃両殿下が地方や外国をご訪問の折に、悠仁親王殿下とご一緒にお過ごしになります。夜、お休みになる前の悠仁親王殿下にご本の読み聞かせをなさって、秋篠宮妃殿下のことを思い出されるときのことをお歌にお詠みになりました」

佳子さまが歌会始の儀に初めてのぞまれた年の前年、平成二十六年九月から十月にかけて秋篠宮ご夫妻はグアテマラとメキシコをご訪問し、また姉の眞子さまも同じ時期にイギリスのレスター大学に留学されています。ご両親と眞子さまがご不在となった十日間ほどは、佳子さまと悠仁さまのお二人で過ごされました。

お世話をする職員らはいるものの、八歳になったばかりの悠仁さまは、ご家族がいない淋しさを募らせていらっしゃったのではないでしょうか。そんな悠仁さまを思い、佳子さまが本を読んで差し上げたご様子が伝わってきます。

歌会始の儀には、成年皇族となる二十歳から参加されるのですが、他の皇室の方々は、どのようなお歌を詠んでいらっしゃったのでしょう。

まずは眞子さま。平成二十四年の歌会始の儀で詠まれたお題は「岸」。

人々の　想ひ託されし　遷宮の
　大木岸に　たどり着きけり

宮内庁公式の解説では――

「昨年（平成二十三年）十月にご成年を迎えられた眞子内親王殿下は、翌十一月に神宮へご参拝になりました。また、二〇〇六年（平成十八年）七月には、秋篠宮殿下とご一緒に、神宮ご参拝に併せて式年遷宮行事の一環である御木曳《おきひき》（川曳）をご視察になり、造営されるお社の材となる大木が大勢の人々によって川の中を曳かれ、岸にたどり着く様子をご覧になりました。眞子内親王殿下は、この度の神宮ご参拝の折り、五年前にご覧になった御木曳の光景を想い出され、二十年に一度の遷宮への多くの人々の気持ちに思いを馳せながらこのお歌をお詠みになりました」

式年遷宮とは、伊勢神宮の内宮・外宮の他、別宮のすべての社殿を二十年に一度造り替え、神座《しんざ》を遷《うつ》すお祭りです。その際、建物の材料となる木材は、御木曳行事と呼ばれる伝統の方式で、川を渡り内宮近くの宇治橋の手前で曳き上げられます。

眞子さまがご覧になったのは、第六十二回式年遷宮の御木曳行事の模様でしたが、この時の遷宮における諸行事のすべてを終えたのは、平成二十五年。眞子さまが御木曳をご覧になってから、実に七年後のことでした。

二十歳の時の歌会始の儀で発表された佳子さまと眞子さまのお歌には、とても興味深いものがあります。佳子さまは、幼い弟・悠仁さまに対しての慈しみを歌い、いわばご家族という身近な方を取り上げられています。一方、眞子さまは千三百年も続く皇室ゆかりの伝統の神事である式年遷宮を取り上げ、関わる人びとの悠久の営みを感じさせるものでした。

姉妹でもお歌に対する向き合い方には違いがあり、それこそが個性の反映と言えるのではないでしょうか。

一方、眞子さまと佳子さまが、お二人で相談されたであろうことが伝わってくる、お歌もありました。それは平成二十八年の歌会始の儀で発表された、「人」というお題のお歌です。

佳子さまのお歌は――

若人が　力を合はせ　創りだす
　舞台の上から　思ひ伝はる

そして眞子さまは――

広がりし　苔《こけ》の緑の　やはらかく
　人々のこめし　思ひ伝はる

佳子さまは鳥取県で行われた「全国高校生手話パフォーマンス甲子園」での、高校生たちの奮闘ぶりを題材にされ、また眞子さまはＪＣＩ（国際青年会議所）世界会議金沢大会に出席した折、訪ねた「日《ひ》用《よう》苔《こけ》の里」の庭一面に広がる鮮やかな緑の苔をご覧になって、お世話をしている人びとの思いをお歌にこめたとか。

この二つのお歌は、尾句を「思ひ伝はる」と揃えられています。これはお二人で相談して決められたのだろうと容易に推測できます。お二人の仲の良さが醸し出され、読み手も思わずにっこりしてしまいます。

佳子さまは一生懸命に演じる高校生の熱い思いに共感し、眞子さまは苔庭の美しさの中に、長年にわたって手入れをしてきた人びとのたゆまざる努力を感じられました。お二人ともに、誠実に頑張る世の人びとに心を寄せていらっしゃる姿勢が浮かび上がります。


実は今回、篠さんから一般に公開されることはない、ご誕辰に際して詠まれたお歌を見せていただきました。ただ皇室の中で内々に行われる、いわばプライベートな歌会であるため、本書でお歌を公表することは控えました。

どのようなお歌だったのか、その内容と篠さんの感想をご紹介します。

まずは、平成三十年十月の美智子さまのご誕辰に際して、出されたお題は「優」。

佳子さまはお歌に、夏休みに御用邸に面した海岸で海水浴を楽しまれた際、美智子さまから氷砂糖をもらい、それがとても優しい甘さだったことを詠まれました。

篠さんの感想は——

「『優』を『優しい』という形容詞にして詠まれています。美智子さまが氷砂糖を用意して、疲れが出ないようにとくださったのでしょう。『優しい』に『甘さ』と続けると、意味が重複するようにも思えますが、そう表現したかったのでしょうね。家族愛がとても出ていると思います」

続いて、平成三十年十二月の上皇さまのご誕辰に際して、出されたお題は「家」。

佳子さまは、上皇さまのご誕辰とあって、幼き日に自転車の練習中に、上皇さまが自転車を両手で押してくださった思い出を詠まれました。

篠さんは――

「上皇さまが自転車を押してくださったことが、佳子さまには、とても嬉しかったのでしょう。嬉しさと感謝の気持ちを幼心にも抱かれたので、そういう瞬間を忘れずに記憶していたことがいいですね。佳子さまの秘めたる優しさが出ていて、良かったと思いました。実は以前、上皇さまの侍従の方から、『孫たちが自分のことを今度はどういうふうに詠んでくれるのか楽しみだ』とおっしゃっていたと伺いました。佳子さまのこのお歌にも、目を細めて喜ばれたことでしょう」

そして令和元年十一月、大嘗祭が終わった頃、天皇陛下ご即位に際して祝賀のお歌を出すことになりました。この時、佳子さまが詠まれたお歌は、ある年の冬に天皇陛下と赤坂御用地内を一緒に走られた楽しい記憶に想を得たものでした。

当初、佳子さまはお歌の尾句を、陛下とご一緒に走っていることから「足音響く」にされていました。それを篠さんは佳子さまの家族愛を強調するために、優しい言葉にしたほうが良いのではないかと考え、「歩調を合はせり」ではいかがでしょうかと添削したと話します。

「佳子さまのお歌には、優しい感触があって、おじいさまやおばあさまへの尊敬の念と、親しみを覚えていらっしゃることが伝わってきます。伯父さまである天皇陛下とのことを詠まれたお歌でも、それを出してあげたいと思いました」

確かに「足音響く」よりも、「歩調を合はせり」のほうが、陛下と佳子さまがジョギングをお互いに協調しながら楽しんでおられる様子が伝わってきます。

佳子さまも篠さんの助言に納得され、そのまま詠進したそうです。

「佳子さまのお歌はこれからが楽しみですね。これまでは上皇さまや天皇陛下、美智子さまとの優しさに触れて、回想のように思い出のシーンを、新鮮な美意識でとらえられてきました。それが出発点でいいと思います。佳子さまのお歌には、家族愛が一貫しています。家族愛は、現代短歌のテーマでもあるんですよ」

と、さらに篠さんは、お歌の世界における「家族愛」をこう語ってくれました。

「お歌は時代に対応するものですから、今の時代は、家族の生き方を応援したり批判したり、喜んだり悲しんだりといった歌が多いのです。明治、大正の時代は貧しさや苦しさが生きていく上での悩みでしたが、現代は家族愛をテーマにしたものが増えました。苦しみながらも新しいものをつかんでいき、家族の構造の幅が広がってきたのでしょう」

しかし、皇室では家族をテーマとしたお歌はそれほど多くありませんでした。上皇さまや美智子さまの代から次第に増えてきたと、篠さんは話します。万葉集でも、大きな自然との出会いや旅の歌などが中心で、家族愛を詠んだのは山上憶良《やまのうえのおくら》ぐらいなのだとか。

さて、佳子さまのお歌の中で、篠さんが一番の傑作だと思う一首を選んでもらいました。それは平成三十一年の歌会始の儀で発表された、やはり記憶の断片を詠んだものでした。お題は「光」。

訪れし　冬のリーズの　雲光り
　思ひ出さるる　ふるさとの空

宮内庁公式の解説では――

「佳子内親王殿下は、一昨年の九月から昨年の六月まで、イギリスのリーズ大学にご留学になりました。ご滞在中の冬、リーズの曇り空が光り、懐かしい東京の空を思い出されたことを歌にお詠みになりました」

篠さんは、このお歌を一番の傑作に選んだ理由をこう語ってくれました。

「佳子さまが留学されたイギリスのリーズは、ロンドンから二時間ほどの、緯度の高いところですから寒いはずです。その弱い光に映えた冬の空を見ながら、家族がいる空を思い出されたのでしょう。『冬のリーズの雲光り』。この言葉がいいんですよ。異風土に触れて、キラキラしている明るさではなく、薄明かりで冷え冷えと光っているんでしょうね。そこにいる自分。淋しさや孤独感もあって、『思ひ出さるるふるさとの空』。お題の『光』の持つ明暗や、心のコントラストを見事にとらえ、お歌のテーマを生かしています。単なる旅行絵ではありません」

佳子さまのお歌の特徴が、ここにも表れています。思い出の中に大切にしまっていた、様々な感情が織りなす瞬間を、鮮やかに蘇らせて静かな余韻にひたらせてくれます。

お歌を作られる際、佳子さまは記憶を反すうし、その時に琴線に触れた思いの深さをお歌にされているように思います。きっと佳子さまは、これまで歩まれてきた日々を、とても大切にされているのでしょう。

そして最も新しいお歌は、令和二年の歌会始の儀、お題は「望」。やはり宝箱のように大切にされている思い出の中から紡がれました。

六年間　歩きつづけし　通学路
三笠山《みかさやま》より　望みてたどる

宮内庁公式の解説では——

「佳子内親王殿下は、赤坂御用地をご散策の折に、御用地内にある三笠山から、以前通われていた小学校への通学路をご覧になりました。六年間歩き続けた道を懐かしく思われたお気持ちを歌にお詠みになりました」

この三笠山は奈良の三笠山ではなく、赤坂御用地のお庭に築かれた築山のことを差していることが、篠さんは少し気になったようです。

「お歌としてまとまってはいますが、三笠山という名称が一般の人には分かりにくいのではないでしょうか。知っている人にしか分からない弱さがある。『出でし月』のことかなと思ってしまうので。六年間というのは小学校の時だなと受け取ってくれたらいいのですが、奈良県の三笠山のほうに住んでいたんだろうと、受け取られるかもしれませんね。お歌の言葉から類推して、いろんなことを想像するわけですけれど、誤解されるかもしれないのは避けたほうがいいですね」

篠さんが「出でし月」と話したのは、阿倍仲麻呂《あべのなかまろ》が詠んだ百人一首でおなじみのお歌。

「天《あま》の原　ふりさけみれば　春日なる　三笠の山に　出でし月かも」

よく読めば、このお歌にちなんで作られたものではないことは分かりますが、深読みしてしまう人もいるのではと、篠さんは危惧していました。ただお歌のまとめ方に、努力の跡が見えて、頑張っていらっしゃると評します。

「佳子さまのお歌には、これから詠みたいことが出てくると思います。同じ家族愛をテーマにされたとしても、きれいごとだけではない現実の悲しみや心の葛藤など、本音をいい形で詠まれたらいいなと思いますね。家族愛はひとつの大きなテーマであり、お歌としては普遍的なものです。悠仁さまが天皇になられる時には、姉としての佳子さまがどのようなお歌を詠まれるか、ぜひ拝見したいですね」

家族愛をテーマにされたとしても、その奥深くにあるものを佳子さまにお歌で表現してほしいと、篠さんは考えているようです。

それにしても篠さんが添削した表現に、「私はこんな言葉にしたい」とおっしゃることはないのでしょうか。

「佳子さまは、自分はこういうつもりだったので、何とかならないかと注文をおっしゃったことはなく、いつもアドバイスを素直に取り入れてくださいます。それは、佳子さまが伝えたいことを、こちらがどれくらいうまく汲み取ることができるか、によるのでしょうね。指導者との相性が合うかどうかもあると思います」

二年間、佳子さまのお歌を指導して、篠さんは今こう感じていると話します。

「佳子さまは習作時代を経て、良い歌を出されるようになってきています。これからがおおいに期待されます」


令和元年十一月、天皇陛下の即位儀式「大嘗祭」で使われる、新米を納めた悠紀《ゆき》地方（栃木県）、主基《すき》地方（京都府）の、四季をテーマに制作された「風俗歌屛風」が出来上がりました。こうした屛風は過去の大嘗祭でも記念に作られ、欠かせないものとなっています。

屛風には日本画家がそれぞれの地方の絵を描き、その時代の一流の歌人が詠んだお歌が色紙に記されます。悠紀地方の屛風には、画家で東京藝大名誉教授の田渕俊夫さんが描いた風景画に、篠さんが詠んだお歌四首の色紙が貼られました。

大嘗祭の数日前、その屛風が皇居宮殿の一番広い部屋である、豊明殿に飾られました。そこに秋篠宮さまと紀子さま、眞子さま、佳子さまが見学にいらっしゃり、篠さんは制作者として説明をしたそうです。

屛風に貼った色紙に、お歌が万葉仮名（漢字の音を利用した文字）で書かれていたため、篠さんは秋篠宮さまからこのような質問を受けたとか。

「これは何とお読みするんですか？」

篠さんが万葉仮名の読み方について解説すると、ご家族で熱心にお聞きになっていたと言います。そして、篠さんがお歌に詠んだのは、悠紀地方に選ばれた栃木県の様々な場所だったことから、秋篠宮さまは興味深そうな顔でこう尋ねられたそうです。

「先生、栃木県をお回りになったのですか？」

「いや、とんでもないです。栃木県をぐるぐる回っては作れませんし、那須塩原の太夫塚《たゆうづか》には行きましたが、その他は画像や写真などでイメージアップしたんですよ」

「そうでしょうね。だと思いました」

と、破顔一笑し、ざっくばらんなお人柄通り、終始にこやかに鑑賞されていたそうです。万葉仮名は漢字の音を使っているので、漢文とは違い、一見しただけでは何を書いているのか判然としませんが、ゆっくり音を当てて読むことで、その意味が分かってきます。

実は佳子さまは、お歌の原点とも言える、この万葉仮名を訪ねる貴重な機会を、風俗歌屏風を鑑賞する直前に体験されていました。

その出会いは、大嘗祭が行われる二カ月前の、令和元年九月二十九日。佳子さまが鳥取県で開催された「第六回全国高校生手話パフォーマンス甲子園」に出席した後、訪問されたのはお歌に深く関係した場所でした。それは、「鳥取市因幡万葉歴史館」。

ここは日本最古の歌集である万葉集の編さんに携わり、因幡国（鳥取県東半部の旧国名）の国守として赴任してきた大伴家持《おおとものやかもち》の生涯や、因幡地方の歴史と文化を紹介するミュージアムです。

万葉集には四千五百十六首がおさめられていますが、大伴家持は最後を飾るお歌を因幡国に赴任中に詠んだと言われています。

また万葉集は、元号「令和」の出典となったことでも知られ、今、再び注目を集めています。「令和」の由来となったのは、「万葉集」の「梅花歌三十二首」の、漢文で書かれた序文でした。

「初春令月、気淑風和、梅披鏡前粉、蘭薫珮後之香」

漢字の音を用いて読む万葉仮名ではなく、ここだけは漢文です。

読み方は、「初春の令月《れいげつ》にして気淑《よ》く風和《やわら》ぎ、梅《うめ》は鏡前《きようぜん》の粉《こ》を披《ひら》き、蘭《らん》は珮後《はいご》の香《か》を薫《かお》らす」、そして意味は、「新春の好《よ》き月、空気は美しく風はやわらかに、梅は美女の鏡の前に装《よそお》う白粉《おしろい》のごとく白く咲き、蘭は身を飾った香の如きかおりをただよわせている」（国文学研究資料館のＨＰより）と、新たな年を迎えて、月も空も草花も爽やかに自然の美を奏でている様子を称えています。

これを当時、安倍首相は、「人々が美しく心を寄せ合う中で、文化が生まれ育つ」と、談話の中で伝えました。

令和の出拠となったこの梅花の歌の作者は、大伴家持の父である大伴旅人《おおとものたびと》だと言われているそうです。

館内に入ると、大正十一年に建立されたという、大伴家持の歌碑から採った拓本が迎えてくれます。それは「万葉集」の最後の一首に詠んだお歌でした。

歌碑には「天平宝字三年春正月一日於因幡国庁賜饗国郡司等之宴歌一首」と、いつどこで詠まれたものかを記すとともに、以下の万葉仮名の一首が刻まれていました。

大伴家持の万葉仮名での和歌――

新年之始乃《あらたしきとしのはじめの》波都波流能《はつはるの》　家布敷流由伎能《けふふるゆきの》　伊夜之家余其騰《いやしけよごと》

新しき年の始の初春の　今日降る雪の　いや重《し》け吉事《よごと》

雪は豊作の瑞祥《ずいしょう》とされており、新春の今日降る雪のように、いいことがどんどん重なっていきますようにという願いがこめられています。

お歌を勉強中の佳子さまは、この場所で何を感じられたのでしょうか。

佳子さまを案内した館長の金指真澄さんが、当時のエピソードを話してくれました。

「館内の一角にタイムトンネルを想定した通路があり、ここを抜けると万葉の時代にタイムスリップするという演出が施されています。佳子さまにはこの中を歩いて、まずは過去の時代へ一気にさかのぼっていただきました」

金指館長の巧みな解説に促されながら、佳子さまは大伴家持がいた奈良時代を紹介する展示コーナーへ進まれました。

万葉集は原本が存在せず、平安期以降の写本が現存しているのみですが、その写本に佳子さまは興味をそそられていらっしゃったとか。

「これは万葉集の二十巻です。巻物になっているから、二十巻というんです」

と話すと、佳子さまは、

「そうだったんですか、もともと巻物だったのですね」

と、目を輝かせていらっしゃったと言います。

館内には、他にも様々な展示物があり、彩色壁画が施された梶山古墳の複製や、因幡国を代表する古代豪族、伊福吉部《いふきべ》氏の娘で、文武天皇のもとに采女《うねめ》としてお仕えしていた伊《い》福吉部徳足比売《ふきべのとこたりひめ》の骨蔵器の複製などがあります。金指館長の説明に、佳子さまは相槌を打ちながら、一生懸命に聞いてくださったそうです。

余談ながら、映画『ゴジラ』をはじめとする映画音楽で知られる作曲家、伊福部昭さんは伊福吉部徳足比売の末裔にあたり、何度も訪ねて来たとか。

因幡万葉歴史館内をひとしきり見終わって外に出ると、万葉集で詠まれた約五十種の草花が植えられた中庭がありました。金指館長は「この庭はボランティアが整備しているんです」と説明しながら、佳子さまと一緒に庭の中を歩いたと話します。

するとその途中に、地元の小学生が色鮮やかな万葉の衣装を身にまとい、佳子さまを待っていたのです。小学生たちが披露したのは、大伴家持のお歌の朗誦でした。

「新しき年の始の初春の……」

空高く響き渡る朗々とした子どもたちの詠い上げは、佳子さまの心を和ませたことでしょう。

佳子さまは大変喜び、子どもたちに近づいて、

「どれくらい練習したんですか?」「覚えるのは大変でしたか?」

と、声をかけられました。

その時のご様子を金指館長は、こう話します。

「佳子さまは子どもたちの傍に歩み寄って、一人ひとりにお声をかけられるんです。誰かを除くわけでなく、みんなにまとめて話しかけるのでもなく、子どもたちそれぞれに話しかけられていました。着ている衣装の話や練習のことなど、優しくお聞きになっていました」

後で子どもたちに佳子さまの印象を聞いたところ、「すげーキレイだった」「可愛かった」と興奮した面持ちで答えてくれたと、金指館長は話します。また容姿だけでなく、「とっても優しかった」と接した際に感じたお人柄について話す子もいたそうです。

この庭では、秋になると、流れのある曲水に朱塗りの盃を流し、和歌を詠み、次へ流すという風雅な遊び、「曲水の宴」を行っているとか。

館内からお庭へご案内した金指館長は、佳子さまの印象をこう語ってくれました。

「公務という感じではなく、佳子さまは事前にお勉強もされていましたし、万葉集や庭の草花について熱心に興味を持って聞いてくださいました」

特に驚いたのは、「子どもたちへの対応が優しいこと」だと話します。公務に全力で取り組み、訪れた先で出会った一人ひとりに心を尽くされている誠実さを、肌で実感したそうです。

万葉集の編さんに携わり最後の一首をこの地で詠んだ大伴家持のお歌の世界に触れ、佳子さまはお歌を作る際の、大きなヒントをつかまれたのかもしれません。

若き皇族、佳子さまのこれからのお歌作りでは、これまでのように「家族愛」をテーマにしたお歌を詠まれるのでしょうか、あるいはまったく別のテーマに挑まれるのでしょうか。佳子さまのお歌から、きっと心のご成長が感じ取れることでしょう。

あとがき

この本を読んだあなたは、佳子さまをどんな女性だと思われたでしょうか。

佳子さまと同じ年齢の時、私は損害保険会社の総合職として働いていました。振り返れば、理不尽なことも多かったですが、新しい発見や貴重な人との出会いもあり、刺激的な出来事が目まぐるしく襲いかかる毎日だったように思います。

成年皇族として公務をされている佳子さまもまた、毎日を新鮮な出来事として楽しまれているのではと勝手に思いこんでいました。ところが取材を終えてみれば、私自身と重ね合わせて考えていたこと自体、愚かなことだったと反省した次第です。

佳子さまは可憐で柔らかなお姿の内面に、しっかりと確立された強い自己があり、皇室の一員としての責務をちゃんととらえていらっしゃいました。上皇ご夫妻、そして秋篠宮ご夫妻から受け継がれている「弱き人、苦難の渦中にある人」に寄り添う姿勢は、佳子さまの中に息づいて、一本の幹のようにその内面を貫いている気がします。

公務などで佳子さまがお出ましになると、その場がぱっと華やいで幸せな気持ちにさせてくれると、取材した誰もが口を揃えて話してくれましたが、それこそが佳子さまの真骨頂であり、一期一会を大切にされている皇室のあり方を十二分に理解されている証左なのではないでしょうか。

今回の取材では、たくさんの人たちにご協力いただきました。佳子さまが六回訪問されている鳥取県では、平井伸治知事をはじめ県職員の方たちに大変お世話になりました。また、井崎哲也さんへのインタビュー取材では、社会福祉法人 トット基金から手話通訳のサポートをいただき、他にも多くの人たちや各所よりお力添えをいただきましたことは感謝してもしきれないほどです。

最後になりましたが、監修していただいた山下晋司さん、出版に際して支えてくれた河出書房新社の太田美穂さん、そして継続して放送を続けてきたテレビ東京「皇室の窓」の制作スタッフに心より御礼申し上げます。

令和二年十一月

つげのり子

参考文献

『日本のプリンセス　佳子さま20年のあゆみ』（宝島社　二〇一五年）
『美しすぎるプリンセスたち』（双葉社　二〇一五年）
『佳子さまご成年記念　秋篠宮家　25年のあゆみ』（朝日新聞出版　二〇一五年）
『佳子さま流生き方・恋・魅力』松崎敏弥（ダイアプレス　二〇一五年）
『秋篠宮ご夫妻 ご結婚25周年特別出版　可憐なるプリンセス　佳子さま』（主婦と生活社　二〇一五年）
『麗しの佳子さま　成年皇族のご足跡』（宝島社　二〇一七年）
『眞子さま佳子さま　プリンセスの新たな旅立ち』（扶桑社　二〇一七年）
『皇室ファッション革命　プリンセスの秘蔵写真とスクープ記事』（週刊文春　シリーズ昭和③華麗篇　二〇一七年）
『もっとトモダチになる　簡単手話の本』井崎哲也・廣川麻子手話監修、手話普及研究会編（学研パブリッシング　二〇〇七年）
『残すべき歌論　二十世紀の短歌論』篠弘（角川書店　二〇一一年）
『ＮＨＫ短歌入門　生き方の表現』篠弘（日本放送出版協会　一九九六年）
『平成の皇室事典』清水一郎・畠山和久監修（毎日新聞社　一九九五年）
「産経新聞」一九九七年十一月三十日朝刊、二〇〇〇年二月十五日朝刊
「毎日新聞」二〇〇二年十一月七日朝刊
「読売新聞」二〇一九年十二月一日朝刊

つげのり子（つげ　のりこ）
一九七一年、香川県生まれ。東京女子大学卒業。放送作家として、テレビのワイドショーから政治経済番組、ラジオ番組まで、幅広いジャンルを手がける。二〇〇一年の愛子さまご誕生以来、テレビ東京・BSテレ東の皇室番組「皇室の窓」の構成を担当。日本放送作家協会、日本脚本家連盟会員。著書として『フィレンツェ　愛の彷徨』（大創出版）、『女帝のいた時代』（自由国民社）、『素顔の美智子さま　11人が語る知られざるエピソード』『素顔の雅子さま　11人が語る知られざるエピソード』（ともに河出書房新社）など。構成として、『天皇陛下のプロポーズ』（織田和雄著　小学館）がある。

佳子さまの素顔
可憐なるプリンセスの知られざるエピソード

二〇二〇年一一月二〇日　初版印刷
二〇二〇年一一月三〇日　初版発行

著　者　つげのり子
監　修　山下晋司
装　幀　鳴田小夜子（坂川事務所）
発行者　小野寺優
発行所　株式会社河出書房新社
〒一五一-〇〇五一
東京都渋谷区千駄ヶ谷二-三二-二
電話　〇三-三四〇四-一二〇一（営業）
　　　〇三-三四〇四-八六一一（編集）
http://www.kawade.co.jp/

組　版　KAWADE DTP WORKS
印刷・製本　図書印刷株式会社

Printed in Japan　ISBN978-4-309-02924-5